D1935209

Georg Paulus

TRAUMFIRMA

3. Auflage 2008

ISBN 3-9808635-1-4

Copyright © 2002 by

DANKE-Verlag
Georg Paulus
Finkenweg 26
83607 Holzkirchen
Tel. (0 80 24) 34 43
Fax. (0 80 24) 47 98 63
www.Traumfirma.de

Lektorat: Edith Lepschy

Covergestaltung: Florian Wirth u. Martin Fischer

Druck: Finidr s.r.o. 73701 Cesky Tesin

Alle Rechte der Verbreitung und Übersetzung sind vorbehalten! Dies gilt auch für Funk, Fernsehen, fotomechanische und elektronische Wiedergabe, Internet und Tonträger jeder Art. Kein Teil des Werkes darf in irgendeiner Form ohne schriftliche Genehmigung des Verlages oder Autors gespeichert, verarbeitet, vervielfältigt oder verbreitet werden.

DANKE-Verlag, Georg Paulus

Widmung

Für Herrn Gerd Conen
von Karin Heller

Vorstellungsgespräch
vom 10.11.2008
Mit den allerbesten Wünschen

Dieses Buchexemplar

widme ich Ihnen,

liebe Leserin, lieber Leser.

HERZLICHST!

Inhaltsverzeichnis

Vorwort

Liebe Leserin, lieber Leser,

es gibt vermutlich Menschen, die es utopisch finden, Traummitarbeiter zu sein und dazu auch noch in einer Traumfirma zu arbeiten.

Allein durch die Tatsache, dass Sie sich die Mühe machen, dieses Buch zu lesen, werden Sie sehr bald zu der Erkenntnis gelangen, dass es überhaupt nicht schwierig, sondern geradezu einfach ist, diesem hohen Anspruch gerecht zu werden.

Als ökonomisch veranlagter Mensch bevorzuge ich das Einfache. Alles, was kompliziert ist, betrachte ich als zu umständlich. Meiner Meinung nach ist etwas nur deshalb kompliziert, weil sich noch niemand die Mühe gemacht hat, es zu vereinfachen.

Es soll ja z. B. sogar Oberbürgermeister geben, die ihre eigene Stromrechnung nicht verstehen, die sie von den Stadtwerken erhalten haben. In diesem Fall behaupte ich, sind die betreffenden Tarifgestaltungen inkl. der Rechnungen viel zu kompliziert.

Selbst Politiker gibt es, die Einkommenssteuergesetze verabschieden, jedoch selbst nicht mehr in der Lage sind, ihre eigene Steuererklärung zu erstellen. Der Paragraphen-Dschungel ist teilweise so kompliziert, dass die Urheber manchmal selbst keinen Durchblick mehr haben.

Laut Lexikon ist eine Reform
eine Verbesserung des bisher Bestehenden.

Doch wie sieht es häufig in der Praxis aus? Mit jeder Reform, die verabschiedet wird, wird vieles noch komplizierter als bisher. Von Einfachheit kann hier wohl nicht mehr die Rede sein. Auch im beruflichen Leben wurde bereits vieles so verkompliziert, dass man sich nicht wundern muss, wenn Mitarbeiter die Lust an der Arbeit verlieren. Die häufigste Folge ist, dass Mitarbeiter, ja sogar ganze Abteilungen, ohne böse Absicht nebeneinander statt miteinander arbeiten.

Dass es auch einfachere Möglichkeiten gibt, will ich Ihnen mit diesem Buch beweisen. Weniger Stress, weniger Ärger, weniger Energieaufwand, dafür aber effektiveres und effizienteres Arbeiten und somit mehr beruflicher und geschäftlicher Erfolg, werden die Folgen sein.

Wem das zu einfach ist, der darf gerne wie gewohnt weitermachen.

Eine Anmerkung in eigener Sache nur für Leserinnen:

Viele Mitarbeiter/-innen meinen, wenn ihr/-e Chef/-in sie und ihre Kollegen/-innen öfter vor Kunden/-innen oder sonstigen Besuchern/-innen loben würde, dann wäre er/sie ein/-e Traumchef/-in.

Wenn Sie diesen Satz gelesen haben, werden Sie sicherlich verstehen, warum ich vor der deutschen Rechtschreibung kapituliert habe. Schweren Herzens habe ich mich entschlossen - des flüssigeren Sprachstils wegen - auf die weibliche Form bis auf wenige Ausnahmen zu verzichten. Diese Erkenntnis reifte in mir allerdings erst, nachdem ich das Buch fertig gestellt hatte. Es erforderte sehr viel Arbeit, das Ganze wieder rückgängig zu machen, hat allerdings den entscheidenden Vorteil, dass es jetzt einfacher zu lesen ist.

1 Traummitarbeiter

Traummitarbeiter/-in sucht Traumfirma.

Gibt es überhaupt Traumfirmen?

Mit Sicherheit - aber wo?

Kennen Sie eine Traumfirma, in der die Arbeit so viel Spaß macht, dass Sie sagen können: „Es ist ein Traum, dort zu arbeiten.“?

Sie würden gerne wissen (um die vorhergehende Frage beantworten zu können), wie eine Traumfirma aussieht?

Vielleicht verstehen Sie unter einer Traumfirma eine Art Wohlfühl-Firma, also eine Firma, in der sich alle Mitarbeiter wohl fühlen.

Es ist gleichgültig, welche Meinung Sie dazu haben. Dieses Buch bietet Ihnen die Möglichkeit, Ihre Vorstellungen von einer Traumfirma mit der Traumfirma in diesem Buch abzugleichen.

Vielleicht kennen Sie eine Traumfirma?

Wenn ja, so teilen Sie es mir bitte unter

www.Traumfirma.de

mit.

Sollten Sie aber noch keine Traumfirma kennen, so bin ich doch der Meinung, dass Sie sicher Unternehmen kennen, die einer Traumfirma sehr nahe kommen.

Fragt man Arbeitnehmer, ob sie gerne in einer Traumfirma beschäftigt wären, so bekommt man zur Antwort: „Ja, das wäre wirklich ein Traum."

Es gibt Arbeitnehmer, die der Meinung sind, es gäbe gar keine Traumfirmen, dafür aber genug Firmen, in denen es ein Albtraum wäre, dort zu arbeiten.

So oder ähnlich könnte eine Albtraumfirma aussehen:
In einem ehemals erfolgreichen Unternehmen hat sich eine satte Bequemlichkeit und ein schädlicher Automatismus eingestellt. Jede Abteilung arbeitet vor sich hin und hat im Vordergrund nur Eigeninteressen. Hochmut in Kundengesprächen und mangelnde Serviceleistungen mindern das Ansehen dieser Firma immer mehr. Der Umsatz sinkt kontinuierlich. Das Management führt das (natürlich!) auf die derzeit

schwierige politische und wirtschaftliche Lage zurück. Aus Angst vor Entlassungen blüht das Thema Mobbing immer mehr auf. Informationen werden zum Teil bewusst zurückgehalten. Die Krankenrate steigt und Alkoholprobleme häufen sich. Der Frust wird ständig größer. Die meisten Mitarbeiter haben bereits innerlich gekündigt und verrichten ihren Job nur noch zur Finanzierung des Lebensunterhalts. Jegliche Kreativität und Innovation sind restlos erstickt.

Die meisten Firmen bewegen sich jedoch irgendwo zwischen Traum und Albtraum. Da viele Mitarbeiter gerne in einer Traumfirma arbeiten würden, stellt sich die Frage:

Wie oder wo findet man eine Traumfirma?

Fragen wir doch mal einen Unternehmer:
„Lieber Unternehmer, kennen Sie eine Traumfirma?“

„Was suchen Sie - eine Traumfirma? Da können Sie lange suchen! Ich kenne jedenfalls keine. Wir selbst wären sehr gerne eine Traumfirma, aber dazu bräuchten wir Traummitarbeiter und“ (schmunzelnd hinzugefügt) „Traumkunden.“

So einfach scheint es also zu sein. Man braucht nur Traummitarbeiter und Traumkunden und schon hat man eine Traumfirma. Traumkunden, die alles überteuert kaufen und keinerlei Service erwarten, werden wohl immer ein Traum bleiben. Müssen wir jetzt unseren Traum von einer Traumfirma aufgeben, wenn wir dazu Traummitarbeiter und Traumkunden benötigen?

Logisch betrachtet können wir feststellen: Eine Traumfirma kann also nur mit Traummitarbeitern verwirklicht werden.

„Einspruch!“, höre ich einige Mitarbeiter sagen: „Zu einer Traumfirma gehören auch Traumchefs.“

Schlussfolgerung:

Traumchefs und Traummitarbeiter ergeben eine Traumfirma.

Klären wir als Nächstes die zentrale Frage:

Wie und wo finden Traumchefs ihre Traummitarbeiter und Traummitarbeiter ihren Traumchef?

Die Antwort darauf ist einfach, aber für den ein oder anderen vielleicht schockierend:

Jeder Mitarbeiter arbeitet in der Firma, die er verdient.

Jede Firma beschäftigt die Mitarbeiter, die sie verdient.

Jeder Mitarbeiter hat den Chef, den er verdient.

Jeder Chef hat die Mitarbeiter, die er verdient.

Ich zeige Verständnis für alle, die jetzt aufbegehren und sagen: „Ganz so einfach, wie der Autor sich das vorstellt, ist die Angelegenheit nicht.“ Ich verspreche Ihnen jedoch, dass ich in diesem Buch den Beweis für meine Aussagen antreten werde.

Betrachten wir meine Behauptungen zusätzlich noch aus einer völlig anderen Perspektive.

Kennen Sie folgendes Sprichwort:

„Was man sät, das wird man ernten“?

Diese Aussage ist schon annehmbarer. Schließlich warten viele Menschen darauf, dass sie endlich einmal ihre Ernte (z. B. Lohn- oder Gehaltserhöhung) einfahren dürfen.

Wenn wir den Satz jedoch umdrehen, dann sieht er für einige durchaus etwas unangenehmer aus:

„Was man erntet, das hat man vorher gesät.“

Für alles, was wir in der Vergangenheit gesät haben, fahren wir in der Gegenwart bzw. in der Zukunft die Ernte ein. In der Gegenwart ist unsere Ernte z. B. die Firma, in welcher wir gerade tätig sind. Die Ernte des Chefs wiederum sind z. B. seine derzeitigen Mitarbeiter.

Puh, das muss man erst einmal verdauen! Der Verdauungsvorgang im Magen geschieht schließlich auch nicht blitzartig, also gönnen wir uns ruhig eine kleine Pause, um diese Aussagen zu verarbeiten.

Erkennen Sie jetzt, warum es nicht viel bringt, wenn ein Mitarbeiter sich einen anderen Arbeitgeber sucht, nur weil er mit seiner Firma nicht mehr zufrieden ist?

Es wird nicht lange dauern und er wird wieder die gleichen oder ähnliche Probleme haben - es sei denn, er sät dort besseren Samen.

Umgekehrt gilt das natürlich ebenso. Wenn ein Chef mit seinen Mitarbeitern nicht zufrieden ist, kann er diese zwar entlassen, aber er wird mit dem neuen Personal auch nicht zufrieden sein - außer er sät besseren Samen.

Drücken wir das Ganze noch deutlicher aus: Traummitarbeiter müssen keine Traumfirma mehr suchen, denn sie haben so viel Positives gesät, dass sie als Ernte dementsprechend nur in einer Traumfirma arbeiten können.

Folglich werden Mitarbeiter erst dann in einer Traumfirma arbeiten, wenn sie selbst Traummitarbeiter sind.

Viele Chefs werden bei diesem Satz jubeln und sagen: „Ja, genau diese Meinung habe ich schon immer vertreten!“ Werden diese Chefs auch noch jubeln, wenn sie weiterlesen?

Eine Traumfirma muss keine Traummitarbeiter mehr suchen, denn wenn sie Positives gesät hat, kann sie nur Traummitarbeiter haben.

Wenn ein Chef glaubt, noch keine Traummitarbeiter zu haben, muss er also zuerst entsprechend säen. Jetzt werden einige Mitarbeiter jubeln und sagen: „Genau, das behaupte ich schon immer!“ Einige Chefs werden sich jetzt unter Umständen denken: „So einfach kann ich das nicht annehmen.

Schließlich habe ich sowohl Traummitarbeiter als auch Albtraummitarbeiter - also kann es nicht an mir liegen."

Die Antwort darauf ist wieder sehr simpel:
Chefs mit dieser Denkweise haben sowohl Positives als auch Negatives gesät, deswegen ernten sie sowohl Traummitarbeiter als auch Albtraummitarbeiter.

In vielen Firmen dürfte die Ernte durchschnittlich sein, d. h., es gibt überwiegend durchschnittliche Chefs und durchschnittliche Mitarbeiter. Wie können wir nun den Ernteertrag verbessern? Ganz einfach, indem wir entsprechenden Samen säen. Doch wo fangen wir an? Vielleicht befürchten Sie schon das Schlimmste. Dann liegen Sie genau richtig:

Wir fangen bei uns selbst an!

Diese Methode ist zwar radikal, dafür allerdings äußerst wirksam.

Häufig wird genau das Gegenteil praktiziert:
Mitarbeiter wälzen gerne die Schuld für sämtliche Probleme entweder auf die Firma, den Chef, die Kollegen, Lieferanten oder Kunden ab.

Chefs schieben ihre Probleme auf die Mitarbeiter, Kunden, Lieferanten, Politiker oder auf die ungünstige wirtschaftliche Lage.

In Wahrheit haben wir stets nur ein Problem mit uns selbst!

Wir können zwar die Windrichtung nicht ändern, aber wir haben die Möglichkeit, die Segel neu zu setzen. Dies tun wir, indem wir bereit sind, an unserer Persönlichkeitsentwicklung zu arbeiten. Sobald wir damit beginnen, säen wir neuen, besseren Samen.

Somit stellt sich die Frage:

Was sollen wir denn säen?

In den nächsten Kapiteln finden Sie sehr viele Samenkörner. Suchen Sie die für Sie wichtigsten aus und fangen Sie noch heute an, Ihr Saatgut zu säen.

Eine ausgiebige Ernte wird für Sie der Lohn sein!

Meine persönlichen Notizen zu Kapitel 1

2 Woher kommt mein Geld?

Lernerfolge werden nur zu 10 % durch LESEN erlangt. Was wir jedoch selbst AUSPROBIEREN oder TUN, steigert den Lernerfolg bereits bis zu 90 %.

Deshalb beantworten Sie bitte die folgenden drei Fragen nicht nur mündlich, sondern schriftlich (TUN!).

Die erste Frage lautet:

Für welche Ware oder Dienstleistung haben Sie zuletzt Geld ausgegeben?

Bitte schreiben Sie es in das folgende Kästchen.

Schade, dass Sie nichts eingetragen haben. Dadurch haben Sie eine **Chance** verpasst, zu einer wichtigen Erkenntnis zu gelangen.

Bitte blättern Sie noch einmal zurück.

Haben Sie jedoch etwas notiert, so können Sie gleich mit der nächsten Seite fortfahren.

Bitte beantworten Sie auch die zweite Frage schriftlich:

Woher hatten Sie das Geld?

Bitte notieren Sie.

Na, haben Sie etwas aufgeschrieben oder wollen Sie auch die zweite **Chance** verpassen, zu einer wichtigen Erkenntnis zu gelangen?

Aufgrund langjähriger Seminarerfahrung weiß ich, dass jetzt in etwa folgende Antworten gegeben werden:

- Oma (oder ähnliche Sponsoren)
- Lottogewinn
- Steuerrückzahlung
- Kreditkarte
- Geldbeutel

Die ersten drei Vorschläge tragen überwiegend zur Erheiterung der Seminarteilnehmer bei. Nachdem sie gelacht haben, kommt dann häufig die Antwort:

„Ich habe das Geld meinem Geldbeutel entnommen."

Auf die nächste Frage: „Wie kam das Geld da rein?", antworten die meisten:

„Ich habe das Geld von meinem Bankkonto abgehoben."

Die nächste Frage lautet dann: „Wie kam denn das Geld auf Ihr Bankkonto?"

Viele antworten darauf: „Das habe ich mir **erarbeitet**. Dieses Geld ist sozusagen von meinem Arbeitgeber."

Beantworten Sie jetzt bitte die dritte und letzte Frage:

Woher hatte Ihr Arbeitgeber das Geld?

Ich rechne fest damit, dass Sie die dritte und letzte Chance wahrnehmen und jetzt Ihre Antwort notieren.

Haben Sie die richtige Antwort?

„Von den Kunden."

Gewiss schließen Sie daraus, dass Ihre Miete, Nahrungsmittel, Möbel, Hobbys, Ihr Haus, Auto, Urlaub und vieles andere mehr im Grunde genommen von den Kunden Ihres Arbeitgebers bezahlt werden. Natürlich haben Sie auch mit Ihrem Arbeitseinsatz (hoffentlich!) dazu beigetragen. Ihre Arbeitsleistung ändert jedoch nichts an der Tatsache, dass Ihr Arbeitgeber das Geld, das er Ihnen ausbezahlt hat, zuvor über seine Kunden einnehmen musste.

Wie bitte? Sie finden das logisch?

Wenn es so logisch ist, dann sollten wir uns fragen, warum bei einer derart innovativen und fortschrittlichen Industrienation wie Deutschland so oft von der **Servicewüste Deutschland** die Rede ist. Ständig hört man in den Medien davon.

Das heißt doch nichts anderes, als dass dieses Samenkorn

**„Mir ist bewusst,
dass die Kunden meinen Lebensunterhalt finanzieren"**

noch zu wenig gesät worden ist.

Ich denke gerade an Mitarbeiter, die vor Arbeitsbeginn noch schnell beim Einkaufen waren. Kaum sind sie leicht verspätet an ihrem Arbeitsplatz angekommen, schon beklagen sie sich bei ihren Kollegen über die Servicewüste Deutschland.

Aufgeregt berichten sie, dass justament niemand zur Stelle war, als sie im Supermarkt Hilfe benötigt hätten. Sie berichten weiter, dass genau vor dem Regal, aus dem sie Ware entnehmen wollten, wieder einmal eine Palette im Wege stand; dass sie an der Kasse zu lange warten mussten und die Kassiererin zu allem Überfluss auch noch ziemlich unfreundlich war. Kaum haben sie jedoch mit ihrer Arbeit begonnen, behandeln sie ihre eigenen Kunden genauso unfreundlich.

Als Kunde sehen wir die Servicewüste Deutschland bei den anderen Firmen sofort.

Als Mitarbeiter sehen wir die Servicewüste in der eigenen Firma so gut wie nie.

Wenn ich die Seminarteilnehmer, die sich am meisten über mangelnden Kundenservice beklagen, frage, wie es denn in ihrer eigenen Firma aussieht, so bekomme ich bisweilen zu hören: „Ja, bei uns geht das alles nicht so einfach. Bei uns ist das viel komplizierter. Und überhaupt - unsere Kunden sind besonders schwierig.“

Hier ist der Blick mehr auf die bösen Kunden gerichtet, die Unmögliches fragen und dann doch nichts kaufen, weil es ihnen zu teuer ist.

Jede Firma wirbt damit, dass sie kundenfreundlich wäre. Demnach dürfte es eigentlich keinen schlechten Service mehr geben!

Kennen auch Sie Firmen, in denen Kunden geradezu unerwünscht sind? Kaum ruft z. B. ein Kunde an, schon fühlt sich der Mitarbeiter bei seiner Arbeit gestört.

Kann es etwas Wichtigeres geben, als sich um seinen Kunden zu kümmern? Schließlich könnte es sich ja um eine Bestellung handeln! Wir werden in Deutschland so lange von einer Servicewüste sprechen, bis auch der letzte Chef und der letzte Mitarbeiter begriffen haben, dass es der Kunde ist, der ihren Lebensstandard finanziert.

Bis dahin können wir ja anfangen, mit unserer Traumfirma zumindest Service-Oasen zu schaffen.

Traumfirmen tragen zum Service-Paradies bei.

Zufriedene bzw. begeisterte Kunden bestimmen einen Großteil jeglichen Unternehmenserfolgs.

Nur begeisterte Kunden empfehlen uns weiter.

Es ist der Kunde, der darüber entscheidet, ob wir unsere Arbeit gut gemacht haben.

Der Kunde sollte deshalb Ziel und Mittelpunkt unserer Aktivitäten sein.

Ich mache mir gerne den Spaß und stelle Mitarbeitern in Firmen oder Geschäften folgende Frage:
„Können Sie mir zwei oder drei Gründe nennen, warum ich ausgerechnet bei Ihnen kaufen sollte? Ihre Ware bzw. Dienstleistung bekomme ich auch anderswo."

Diese Frage löst bei den Betreffenden oftmals Schockzustände aus. Der Stresspegel steigt rapide. Entweder werden sie ganz blass vor Schreck oder rot vor Scham. Blitzartig weicht dieser Zustand einem zaghaften Lächeln, weil ihnen flugs eingefallen ist: „Wir haben einen besonders guten Service." Man kann beobachten, wie sie kräftig durchatmen und die Anspannung nachlässt.

Schon haben wir es wieder: **ALLE** Firmen sprechen von einem guten Service. Wo soll denn da der Vorteil sein, wenn diesen angeblich alle bieten? Kennen Sie eine Firma, die von sich behauptet, sie hätte einen schlechten Service?

Je nach Stimmung hänge ich noch folgende Frage an:

„Wie sieht denn der Service bei Ihnen aus?"

Volltreffer! Diese Frage versetzt manche in einen dermaßen erbärmlichen Zustand, dass ich schon wieder Mitleid mit ihnen habe. Aufgrund völliger Ratlosigkeit versuchen sie mir klarzumachen, dass ich ja bei ihnen nicht kaufen müsse, was ich dann auch meistens ernst nehme.

Traummitarbeiter hingegen werden bei solchen Fragen jubeln, erhalten sie doch damit die Chance, die Stärken und Vorteile ihrer Traumfirma aufzuzeigen. Jetzt müssen sie ihre Aussagen nur noch beweisen. Vermutlich haben sie dann einen neuen Traumkunden gewonnen.

Die Zeiten, in denen man Kunden die Ware nur zugeteilt hat, sollten vorbei sein.

Aktives Verkaufen ist gefragt.

Ein Omnibusunternehmer berichtete mir Folgendes: „Früher konnte ich mir die Kunden aussuchen. Wenn ein Verein anrief und mit mir einen Ausflugstermin vereinbaren wollte, konnte es schon passieren, dass ich ablehnte, weil ich bereits genügend Aufträge hatte. Heute läuft es genau umgekehrt. Heute muss ich die Vereine anrufen und fragen, ob sie nicht mal wieder einen Ausflug planen.

Aktives Verkaufen betrifft nicht nur die Verkäufer, sondern jeden Mitarbeiter im Unternehmen.

Lange Zeit lief es ja ganz gut, auch wenn man sich nicht besonders um seine Kunden bemüht hat.

Über 70 Prozent der Kunden sind der Meinung, dass die meisten Firmen bzw. Geschäfte nur Wert darauf legten, etwas zu verkaufen und dass sich nach dem Kauf kein Mensch mehr für sie interessiere.

Teilweise muss man froh sein, wenn man **überhaupt** etwas kaufen darf. Manchmal wird man in Geschäften derart behandelt, dass man am liebsten fragen würde: „Entschuldigung, darf ich jetzt endlich etwas bei Ihnen kaufen oder nicht?“

Ganz zu schweigen, wenn eine Reklamation oder Reparatur ansteht! Seien wir doch froh, wenn ein Kunde eine Reklamation hat. Er gibt uns damit eine zusätzliche Chance, unsere Stärken zu zeigen. Er hätte ja auch klaglos zur Konkurrenz abwandern können.

In Zukunft wird serviceorientiertes Verkaufen immer wichtiger werden. Marketingexperten predigen schon lange: „Ein gutes Produkt alleine reicht nicht mehr aus. Erst die

Verbindung von einem guten Produkt und einem guten Service bedeutet erfolgreiches Marketing."

Hier liegen ungeahnte Chancen für angehende Traummitarbeiter und Traumchefs.

In Deutschland herrscht ein Verdrängungswettbewerb, der leider größtenteils auf der Preisebene ausgetragen wird. Ist diese Ebene ausgeschöpft, wird der Service noch entscheidender sein.

Wir leben in einer freien Marktwirtschaft. Unternehmen, bei denen der Kunde König - oder noch besser Partner - ist, werden langfristig gewinnen.

Die Kunden sind für jede Firma das wertvollste Kapital.

So manchem Mitarbeiter wurde erst dann bewusst, dass er vom Kunden lebt, als er die Kündigung - aufgrund starken Umsatzeinbruches - in seinen Händen hielt.

Ein Beispiel aus der Praxis:
Als die Teilnehmer bei einem Firmenseminar (Möbelbranche) erzählten, dass sie ihr Geld genau genommen vom Kunden erhalten, fragte ich sie: „Wieso musste ich dann bei einem Testkauf in einer Ihrer Filialen 13 Minuten warten, bis mich endlich ein Verkäufer ansprach?" Tatsache war, dass drei Verkäufer an der Kasse standen und sich über Fußball unterhielten. Erst als sie ihre Unterhaltung beendet hatten, bequemte sich einer der Herren zu mir.

Ein Seminarteilnehmer gab darauf Folgendes kund:
„Seit 30 Jahren arbeite ich in dieser Firma. Wenn ich es recht bedenke, heißt dass doch, das unsere Kunden meiner Frau, meinen Kindern und mir in dieser Zeit Essen, Wohnung, Auto, Urlaub, Hobbys, also unseren kompletten Lebensstandard, finanziert haben.

Der Kunde ist sozusagen mein Finanzier.
Das war mir bis zum heutigen Tage
eigentlich nicht wirklich bewusst."

Ich freue mich, wenn Sie einige Samenkörner in diesem Kapitel gefunden haben. Im nächsten Kapitel gibt es auch noch welche.

Vorher aber noch eine Grafik:

Geldfluss beim privaten Kauf einer Ware oder Dienstleistung von Mitarbeitern

1. Bezahlt wird überwiegend mit Bargeld, Kreditkarte oder Überweisung.

↓

2. Dieses Geld stammt in der Regel vom privaten Bankkonto.

↓

3. Der Arbeitgeber hat dieses Geld auf das private Bankkonto überwiesen.

↓

4. Der Arbeitgeber hat dieses Geld von seinen Kunden erhalten.

↓

Somit beginnt der Kreislauf erneut.

Der komplette Wirtschaftskreislauf beruht ausschließlich auf Kunden. Es ist daher unverständlich, dass der heimliche Arbeitgeber „Kunde“ so vernachlässigt wird.

Beweis: **„Servicewüste Deutschland“**

Meine persönlichen Notizen zu Kapitel 2

3 Repräsentant und Verkäufer

In vielen Firmen gibt es Mitarbeiter mit folgender Einstellung: „Was habe ich mit unseren Kunden zu tun? Meine Abteilung hat keinen direkten Kundenkontakt. Schließlich arbeite ich im Lager, da sehe ich das ganze Jahr keinen Kunden."

Genau hier liegt das Grundübel, welches zur Servicewüste führt.

Sehen wir uns doch eine typische Alltagssituation an, die in jeder Firma so oder ähnlich vorkommen könnte:
Herr Gut (Außendienstmitarbeiter) hat von Herrn Neu einen Erstauftrag erhalten. Er versichert diesem, dass er eine exzellente Wahl getroffen hat und verabschiedet sich hoch motiviert. Eine Stunde später ruft Herr Neu bei seinem neuen Lieferanten an, weil er noch eine Frage hat. In der Telefon-

zentrale meldet sich eine unfreundliche weibliche Stimme. Kunde Neu erkennt bereits am Tonfall, dass es die Dame vermutlich sehr eilig hat.

(Was Herr Neu nicht wissen kann: Es ist gerade **zwei Minuten** vor Dienstschluss. Positiv ist zu werten, dass die Mitarbeiterin überhaupt noch den Hörer abgenommen hat.)

Sie versucht, ihn weiterzuverbinden. Der betreffende Kollege nimmt den Telefonhörer erst gar nicht mehr ab, denn bei ihm ist es schließlich schon **eine Minute** vor Dienstschluss. Ihr bleibt nichts anderes übrig, als Herrn Neu auf den nächsten Tag zu vertrösten.

Bis jetzt haben wir bereits zwei Mitarbeiter entdeckt, die gegen eine fundamental wichtige Grundregel verstoßen haben.

Betrachten wir die Geschichte weiter:
Nicht - wie laut Auftrag vereinbart - innerhalb von drei Tagen, sondern erst nach sieben Tagen trifft bei Herrn Neu die Lieferung ein. Bei der Warenkontrolle muss er leider feststellen, dass die Lieferung nicht vollständig ist. Er ruft leicht verärgert bei seinem neuen Lieferanten an. Nachdem er dreimal weiterverbunden wurde, landet er endlich in der richtigen Abteilung. Mittlerweile sind fünf Minuten vergangen. Dies reichte bei Herrn Neu aus, dass sich sein Emotionszustand von „verärgert" auf „wütend" gesteigert hat. Dadurch vergreift er sich unglücklicherweise in seiner Wortwahl und sagt zu seinem Gesprächspartner Herrn Schlaumeier: „Was ist denn das für ein Saftladen?" Aber da kommt er gerade an den Richtigen. Herr Schlaumeier ist nämlich einer von der Sorte: „Wenn mir jemand blöd kommt, dann zeige ich ihm schon,

wer hier der Stärkere ist." Er brüllt: „Das ist kein Saftladen, sondern eine Brauerei!"
Den weiteren Gesprächsverlauf überlasse ich Ihrer Phantasie...

Auch Herr Schlaumeier hat dazu beigetragen, dass Herr Neu von seinem neuen Lieferanten nicht mehr so begeistert ist. Der Einzige, zu dem Herr Neu trotz allem noch Vertrauen hat, ist unser Verkäufer Herr Gut. Dieser meldet sich noch am selben Tag telefonisch bei Herrn Neu, nachdem er erfahren hat, dass es Komplikationen gibt. Als Herr Neu seine Probleme schildert, entschuldigt er sich für die Fehllieferung und bedauert den peinlichen Zwischenfall mit seinem Kollegen Herrn Schlaumeier. Um Herrn Neu zu überzeugen, dass in seiner Firma normalerweise alles in Ordnung ist, lädt er ihn zu einer Betriebsbesichtigung ein. Da Herr Neu Herrn Gut eine faire Chance geben will (schließlich bemerkt er, dass dieser sein Bestes gibt), sagt er zu.

Zum vereinbarten Termin betritt Herr Neu in freudiger Erwartung die Firma. Die Mitarbeiterin am Empfang telefoniert gerade. Dem Gesprächsverlauf entnimmt er, dass es sich um ein Privatgespräch handelt. Sie unterbricht das Telefonat und fragt knapp: „Worum geht es?" Trotz dieser Unhöflichkeit reagiert er dennoch freundlich und bittet sie, Herrn Gut Bescheid zu geben. Verkäufer Gut begrüßt ihn bald darauf recht herzlich und führt ihn durchs Haus. Gerade als sie am Personalbüro vorbeigehen, verlässt ein offensichtlich ziemlich verärgerter Mitarbeiter dieses und knallt die Tür hinter sich zu. In der Abfüllanlage bemerkt unser Freund Neu, dass sich einige Mitarbeiter nicht an vorgeschriebene Sicherheitsstandards halten, obwohl diese sehr plakativ angeschlagen sind. Im Lager fällt ihm auf, dass ein Lagerarbeiter äußerst unfreundlich zu einem Kunden (Selbstabholer) ist. Auf die Frage: „Wie lange dauert das denn noch?" hört dieser: „Sie sollten froh sein, dass Sie überhaupt etwas bekommen." Als sie im Showroom angekommen sind, klingelt plötzlich das Handy von Herrn Gut. Er entschuldigt sich kurz und bittet Herrn Neu, sich doch schon einmal etwas umzusehen. Herr Neu ist schwer beeindruckt - ganz besonders von dem vielen Staub. Da das Gespräch von Herrn Gut scheinbar länger dauert, nutzt er die Gelegenheit und sucht die Toilette auf. Es scheint heute nicht sein Tag zu sein. Beim Anblick der verschmutzten Toilette wendet er sich mit Grausen und versucht sein Glück bei der nächsten. Anschließend kehrt er in den Ausstellungsraum zurück, wo ihn Herr Gut bereits erwartet. Nun gehen sie gemeinsam in die Kantine. Herr Neu wundert sich über ein Gespräch am Nebentisch, in dem sich Mitarbeiter sehr negativ und lautstark über die Firma unterhalten. Als Verkäufer Gut bemerkt, dass Herrn Neu das Essen nicht besonders schmeckt, versucht er ihn mit den Worten abzulenken: „Na, Herr Neu, wie gefällt es Ihnen denn bei uns?"

Kunde Neu bemüht sich um eine Antwort und schildert wahrheitsgemäß seine Eindrücke. Verkäufer Gut wird immer blasser. Schließlich hat er gar nicht mitbekommen, dass Herrn Neu so vieles unangenehm aufgefallen ist. Als Kunde Neu zum Schluss sagt, dass es schade um die Zeit gewesen sei, verlassen unseren Herrn Gut dann doch langsam die Kräfte. Er ist dermaßen frustriert, dass ihm leider nichts Besseres mehr einfällt, als negativ über seine Kollegen zu sprechen und dass dies wirklich eine „Sch....-Firma" sei.

Das war eine lange Geschichte. Vielleicht denken Sie: „Diese Geschichte ist doch sehr übertrieben." Sie liegen mit Ihrer Vermutung total richtig. Diese Geschichte ist tatsächlich frei erfunden. Bewusst wollte ich mit einfachen, aber drastischen Beispielen aufzeigen, wie gegen folgende Grundregeln wiederholt verstoßen wird:

ALLE Mitarbeiter sind Repräsentanten und Verkäufer!

Jeder einzelne Mitarbeiter ist eine Visitenkarte des Unternehmens.

Betrachten wir diese Geschichte nun unter den neu hinzugewonnenen Gesichtspunkten:
Das Allermindeste, was man von einer Telefonistin erwarten darf, ist Freundlichkeit - selbst zwei Minuten vor Dienstschluss. Man kann schließlich nicht die Arbeitszeiten aller Firmen kennen.

Leider denken viele Firmen, für die Telefonzentrale könne man jeden Mitarbeiter verwenden, der hören und sprechen kann.

Der erste Eindruck ist von besonderer Bedeutung. Nachdem die Telefonistin oftmals der erste Ansprechpartner in einer Firma ist - sozusagen die erste Visitenkarte - empfehle ich, für diese Position nur eine bestens qualifizierte Person einzusetzen.

Eine positive Lebenseinstellung, eine nette, freundliche Stimme und die Fähigkeit, **zuhören** zu können sind wichtige Grundvoraussetzungen. Viele glauben, wenn sie den ersten Satz gehört haben, wüssten sie bereits, worum es geht und verbinden den Anrufer mit dem falschen Kollegen. Dieser wundert sich. Weil er aber feststellt, dass er nicht zuständig ist, hört er ebenfalls nicht mehr weiter zu und verbindet den Anrufer zurück zur Telefonzentrale oder in die nächste Abteilung, die dafür auch wieder nicht zuständig ist.

Immer mehr Firmen arbeiten mit internen oder externen Call-Centern. Wenn Sie dort anrufen, können Sie sicher sein, dass Sie bei jedem Anruf einen anderen Ansprechpartner vorfinden, sofern Sie das Glück haben, überhaupt jemanden zu erreichen, da meistens sämtliche Leitungen belegt sind. Würden Chefs eine Hotline ihrer Firma nur einmal täglich probeweise anrufen, so könnten viele vermutlich nächtelang vor lauter Ärger nicht mehr schlafen. Dadurch könnten sie am eigenen Leibe erfahren, was ihren Kunden täglich zugemutet wird.

Wenn Sie jedoch die kostenlose Nummer der Verkaufsabteilung wählen, kommen Sie interessanterweise immer durch. Recht viel auffälliger kann ein Unternehmen gar nicht mehr demonstrieren, dass die Kunden nur als Käufer interessant sind.

Kehren wir jedoch zur Aufarbeitung unserer Geschichte zurück:
In vielen Firmen ist die Telefonistin gleichzeitig für den Empfang zuständig. Unser Kunde Neu erwischte die Telefonistin ausgerechnet während eines Privatgesprächs mit ihrer Freundin. Nehmen wir zu ihren Gunsten an, dass sie wegen einer wichtigen Angelegenheit angerufen worden ist. Trotzdem hätte sie selbstverständlich Herrn Neu z. B. mit den Worten: „Guten Tag, was kann ich für Sie tun?“ begrüßen

müssen. Dagegen war ihre Bemerkung: „Worum geht es?" - noch dazu ohne Begrüßung - äußerst unhöflich. Solche unglücklichen Äußerungen macht man eben leicht, wenn man sich gerade von einem Kunden gestört fühlt.

Was meinen Sie, von wem bekommt die Telefonistin ihr Gehalt? Von ihrer Freundin oder indirekt von den Kunden? Da Sie schon so weit fortgeschritten sind, ist Ihnen die Antwort sicherlich bestens bekannt.

Der Lagerarbeiter war für die nicht termingerechte und unvollständige Lieferung verantwortlich. Zweifelsohne wird es sich nicht vermeiden lassen, dass Fehler passieren. Die entscheidende Frage lautet jedoch: Hat er wirklich sein Bestes gegeben? War er sich bewusst, dass auch er ein Repräsentant seiner Firma ist und er seinen Lohn indirekt vom Kunden bekommt? War er sich bewusst, dass auch er streng genommen ein Verkäufer ist?

Bei Traumfirmen erhalten Neukunden einen besonderen Status oder ein Erkennungsmerkmal, damit jeder Mitarbeiter weiß, dass es sich um einen Erstauftrag handelt. Wenn bei einem Kunden, mit dem wir schon längere Zeit zusammenarbeiten, ausnahmsweise etwas schief läuft, so wird dieser uns das eher verzeihen als ein Neukunde.

Einige Chefs werden jetzt aufbegehren: „So ein Quatsch! **Wir sind die Fortschrittlichen**. Wir müssen neue Kunden nicht besonders kennzeichnen. Bei uns ist **jeder** Kunde König." Wenn es bei Ihnen so optimal läuft, dann brauchen Sie sich doch nicht aufzuregen. Ich gratuliere Ihnen, denn dann sind Sie anscheinend schon unter der Rubrik „Traumchef in einer Traumfirma“ einzuordnen. Der Vorschlag, die Neukunden besonders zu kennzeichnen, ist ja nur ein Angebot für Firmen, bei denen dieser Bereich noch nicht optimiert ist. In vielen Firmen werden nach der Warenzusammenstellung nur Stichproben gemacht, was bei einem gut funktionierenden Lagermanagement vielleicht ausreicht. Was aber, wenn ausgerechnet bei einem Neukunden die Stichprobe entfällt? Vielleicht wäre es doch empfehlenswert, Erstaufträge extra zu kennzeichnen und besonders sorgfältig zu behandeln.

Analysieren wir unsere Geschichte weiter:
War sich Herr Schlaumeier bewusst, dass auch er ein Repräsentant seiner Firma ist? Hätte er sonst nach dem Motto gehandelt: „Wenn mir einer blöd kommt, dann ist er bei mir genau an der richtigen Adresse. Dem zeige ich es aber, dass ich auf ihn nicht angewiesen bin!“

Es wird vermutlich sehr selten vorkommen, dass jemand ein Streitgespräch mit einem Kunden gewinnt.

Zitat eines Traumchefs:

„Der Einzige, der bei uns schlecht drauf sein darf, ist der Kunde!!!“

Ein Inhaber eines Reisebüros erzählte mir, ein Interessent hätte ihn mit blöden Fragen genervt. „Dem habe ich es aber gezeigt!“, meinte er. Auf meine Frage: „Hat der Interessent bei Ihnen gebucht?“, antwortete er: „Leider nein.“ Ich konnte es mir gerade noch verkneifen, zu erwidern: „Ich weiß nicht, wer da der Blödere war.“ Interessanterweise jammert gerade er häufig darüber, dass es mit dieser Branche abwärts gehe, dass die Leute nicht mehr so viel Geld wie früher für ihren Urlaub ausgäben usw. Wenn er seine Einstellung den Kunden gegenüber nicht bald ändert, dann werden die wenigen, die überhaupt noch zu ihm kommen, sich auch bald ein anderes Reisebüro suchen.

Einige werden jetzt möglicherweise aufbegehren: „Man kann sich doch von seinen Kunden nicht alles gefallen lassen!“ Sie haben Recht. In Kapitel 8 wird dieses Thema deshalb ausführlicher behandelt.

Fahren wir jedoch zunächst mit unserer Analyse fort:
Das Beispiel mit dem Personalbüro habe ich deswegen gewählt, weil sich gerade in dieser Abteilung einige nicht angesprochen fühlen könnten. Schließlich haben diese Mitarbeiter tatsächlich keinen direkten Kundenkontakt.

Was ist jedoch, wenn diese Mitarbeiter einen Kollegen verärgern, indem sie ihn zum dritten Mal vertrösten, obwohl er dringend eine Bescheinigung benötigt? Vielleicht erhält ausgerechnet dieser verärgerte Mitarbeiter fünf Minuten später einen Anruf von einem Kunden. Na Servus..., der arme Kunde darf jetzt womöglich dessen Frust ausbaden, was sich bestimmt nicht umsatzfördernd auswirken wird.

Ganz zu schweigen von der Tatsache, dass man sich nie zu sicher sein darf, dass kein Kunde in der Nähe ist. Denken Sie doch bitte an unseren Herrn Neu, der mitbekommen hat, dass ein verärgerter Mitarbeiter die Türe zum Personalbüro zugeknallt hat.

Bestehende Sicherheitsvorschriften einzuhalten, sollte eigentlich selbstverständlich sein - schon der eigenen Gesundheit zuliebe. Unser Herr Neu hat sich allerdings gedacht: „Wenn diese Mitarbeiter schon so leichtfertig mit den Sicherheitsvorschriften umgehen, dann muss ich womöglich damit rechnen, dass sie auch anderweitig nachlässig arbeiten." Auch dieses Beispiel verdeutlicht: „Jeder Mitarbeiter ist Repräsentant und Verkäufer."

Dass Herr Neu ausgerechnet eine verschmutzte Toilette vorfand, dafür konnte nun wirklich keiner etwas - oder doch? Vermutlich hat ein Mitarbeiter die Toilette so unsauber hinterlassen. Eventuell hatte ein Kollege sogar **bereits festgestellt**, dass die Toilette verschmutzt war und sich nicht verantwortlich gefühlt, der Raumpflegerin Bescheid zu sagen. Vielleicht hätte aber die Raumpflegerin von sich aus auch öfter kontrollieren können.

Keiner fühlt sich in dieser Firma verantwortlich, weil alle Beteiligten noch nicht begriffen haben, dass absolut jeder Einzelne ein Repräsentant und Verkäufer der Firma ist.

Vielleicht verstehen Sie jetzt, warum ich solche Beispiele ausgewählt habe. Gerade an so einfachen Dingen kann man erkennen, wie es mit der Einstellung tatsächlich aussieht.

Das nächste Beispiel mit dem Staub im Showroom ist ebenfalls typisch. Auch hier fühlte sich wieder keiner zuständig. Die Reinigungsfirma hatte vermutlich nur den Auftrag bekommen, den Boden zu wischen und die Aschenbecher und Abfallkörbe auszuleeren. An Staub auf den Ausstellungsstücken hatte der Abteilungsleiter bei der Vergabe dieses Auftrages nicht gedacht. Wäre er sich seiner Verpflichtung als

Repräsentant bewusst gewesen, so wäre ihm der Staub im Showroom längst aufgefallen.

Warum wohl habe ich das Beispiel mit der Kantine eingebaut? Sicherlich kann man von einer Betriebskantine kein Gourmet-Menü erwarten, obwohl ich weiß, dass es solche positiven Fälle sogar gibt. Es wäre allerdings ratsam, zumindest auf gute Qualität Wert zu legen, um die Mitarbeiter nicht unnötig zu verärgern. Fragen Sie einmal das Kantinenpersonal, ob sie eigentlich wissen, dass auch sie Repräsentanten ihrer Firma sind. Mir fällt gerade ein Koch ein, den ich beim Pinkeln (Verzeihung, meine Damen: Mir fiel kein besseres Wort ein - Urinieren gefiel mir auch nicht) angetroffen habe und der es anschließend für unnötig hielt, sich die Hände zu waschen. Jeder weitere Kommentar dazu erübrigt sich...

Es wäre sehr empfehlenswert, wenn sich Mitarbeiter in den Pausen oder beim Mittagessen erholen würden, statt über Chefs und Kollegen zu lästern. Nach den Pausen geht es dann mit dieser negativen Energie wieder an die Arbeit. Entsprechend wird die Arbeitsmoral sein. Der Kunde bekommt es vermutlich wieder unangenehm zu spüren. Man braucht sich wirklich nicht zu wundern, dass Herr Neu einen schlechten Eindruck von dieser Firma hatte.

Ich denke, dass die genannten Beispiele ausreichen dürften, um auch dem letzten Chef und dem letzten Mitarbeiter bewusst zu machen:

Jeder Chef und jeder Mitarbeiter ist
Repräsentant und Verkäufer.

Bei einem Seminar wurden einige Teilnehmer in der Pause von Hotelgästen angesprochen, bei welcher Firma sie denn arbeiten würden. Leider hinterließen die Teilnehmer vor dem Hoteleingang eine Menge Zigarettenkippen auf dem Boden. Kaum hatten sie im Seminarraum wieder Platz genommen, wies ich sie darauf hin, dass einige Hotelgäste jetzt etliche Visitenkarten in Form von Zigarettenkippen vorfinden würden. Die Hotelgäste waren sehr erstaunt, als sie bald darauf mehrere Seminarteilnehmer vor dem Hoteleingang wiedersahen, welche die zuvor weggeworfenen Zigarettenkippen aufhoben und entsprechend entsorgten.

Jeder Mitarbeiter ist eine lebende Visitenkarte des Unternehmens.

Sicherlich kennen Sie für **Ihre Branche** ähnliche Beispiele. Sagen Sie jetzt bitte nicht: „Meine Firma ist so klein, da gibt es gar keine Abteilungen, keine Telefonzentrale und keinen Showroom."

Ich habe grenzenloses Vertrauen in Sie und glaube, dass Sie trotzdem verstehen, was ich mit diesem Kapitel aufzeigen wollte.

Vielleicht denken Sie jetzt: „Ist denn der Autor verrückt? Wie oft soll ich denn noch lesen, dass jeder Mitarbeiter Repräsentant und Verkäufer ist?"

Hoffentlich habe ich Sie mit den vielen Wiederholungen so genervt, dass Sie nie mehr vergessen,

dass Sie Repräsentant und Verkäufer sind!!!

Meine persönlichen Notizen zu Kapitel 3

4 Jeder sieht es aus seiner Sicht

Sie sind der Meinung: „Alles, was ich bisher gelesen habe, ist doch der totale Schwachsinn.“

Sie haben vollkommen Recht.

Vielleicht denken Sie auch: „Na ja, es ist durchaus auch etwas Brauchbares dabei.“

Sie haben vollkommen Recht.

Womöglich haben Sie die Meinung: „Das ist ein absolutes Spitzenbuch, das sollte möglichst jeder lesen.“

Sie haben vollkommen Recht.

Was soll denn nun dieser Unsinn? Es kann doch nicht jeder Recht haben. Welche der drei Aussagen ist denn nun wirklich richtig?

Alle Aussagen sind richtig.

Sie meinen: „Das gibt es nicht! Es kann immer nur **einer** Recht haben."

Um dieses Rätsel aufzuklären, benötigen wir wieder ein paar Beispiele:
Herr Bösl kauft sich ein fabrikneues Auto. Unglücklicherweise hat er aber ein so genanntes „Montagsauto" erwischt. Bereits nach drei Tagen ist es zum ersten Mal defekt. Ständig ist irgendetwas nicht in Ordnung. Nach zwei Jahren Ärger und Frust fasst er den Entschluss, sein Auto zu verkaufen. Eines steht für ihn jedenfalls fest: „Ein fabrikneues Auto kaufe ich mir bestimmt nie mehr." (Übrigens kaufte er sich später nur noch gebrauchte Autos und sammelte damit weitaus bessere Erfahrungen.)

Herr Becker dagegen hat schon mehrmals ein gebrauchtes Auto gekauft und dabei überwiegend negative Erfahrungen gemacht. Ständig musste dies oder jenes repariert werden. Im Alter von 39 Jahren kann er sich zum ersten Mal in seinem Leben ein fabrikneues Auto finanziell leisten. Er hat dabei entschieden mehr Glück als unser Herr Bösl. Sein neues Auto ist außer bei normalen Kundendiensttтерminen so gut wie nie in der Werkstatt.

Herr Bösl und Herr Becker verkehren öfter in der gleichen Kneipe. Als am Stammtisch das Gespräch auf Autos kommt, sind beide sehr engagierte Gesprächsteilnehmer. Es ergibt sich eine hitzige Diskussion, was denn nun besser sei, ein neues Auto oder ein gebrauchtes. Die meisten sind der Meinung, wer es sich finanziell leisten kann, der ist mit einem neuen Auto besser dran. Unser Herr Bösl dagegen ist da ganz anderer Meinung. Er behauptet: „Ein neues Auto zu kaufen, ist die reinste Lotterie. Ich kann ein Lied davon singen, weil ich mit meinem fabrikneuen Wagen nichts als Ärger hatte.“ Wessen Meinung ist denn nun richtig?

Jeder ist im Recht - aus seiner Sicht gesehen bzw. aufgrund seiner bisherigen Lebenserfahrungen.

Am lustigsten ist das oft bei einem Fußballspiel. Da pfeift der Schiedsrichter z. B. einen Elfmeter für den Heimverein. Millionen von Fernsehzuschauern, die Fans des Heimvereins sind, vertreten die Meinung, dieser Elfmeter sei mehr als berechtigt. Die Millionen Fans des gegnerischen Vereins sehen das völlig anders. Obwohl sie die selbe Zeitlupenaufnahme sehen, sind sie der Meinung, es sei eine glatte Fehlentscheidung. Der Teil der Zuschauer, der neutral ist, findet, dass man das nicht so genau sagen kann. Am Schluss des Spiels wird den beteiligten Spielern beim Interview diese umstrittene Szene mehrmals in Zeitlupe vorgeführt. Daraufhin kommentiert der Verteidiger: „Das war nie und nimmer ein Elfmeter. Ich habe den Gegner gar nicht berührt.“ Der Stürmer behauptet: „Klarer Fall von Elfmeter. Der Gegner hat mich auf alle Fälle leicht berührt.“

Ich frage Sie jetzt: „Wer hat denn in diesem Fall Recht?“

Die Antwort lautet: „Jeder“.

Jeder sieht es aus seiner Sicht, aus seinem Blickwinkel, zu seinen Gunsten.

Nicht nur beim Fußball gibt es solche unterschiedlichen Sichtweisen:
Fragen Sie einmal einen Tennisspieler, ob er ähnliche Erfahrungen parat hat. Er wird sogleich antworten: „Beim Tennis gibt es des Öfteren sehr umstrittene Bälle." Häufigster Streitpunkt ist, ob der Ball außerhalb des Spielfeldes war oder ob er noch die Begrenzungslinie berührte. Während ein Spieler behauptet, der Ball sei noch auf der Linie gewesen, behauptet sein Gegner, der Ball wäre außerhalb dieser Linie gewesen. Wer hat denn jetzt in diesem Falle Recht?

Jeder sieht es wieder aus seinem Blickwinkel.

Es kann doch nur einer Recht haben, also geht man an den Platz des Geschehens. Spieler "A" sagt: „Da, schau mal her, man sieht deutlich einen Abdruck auf der Linie." Worauf Spieler "B" antwortet: „Da sieht man zwar einen Abdruck, aber das ist nicht der richtige. Mein Ball war etwas weiter hinten, genau neben der Linie."

Jeder sieht es aus seiner Sicht.

Ich lag einmal während der Weihnachtszeit im Krankenhaus. Da verschiedene Schläuche an meinem Körper angebracht waren, konnte ich keinen normalen Schlafanzug tragen. Stattdessen bekam ich einen blau karierten Umhang. Da ich in der Nacht sehr stark schwitzte, musste dieser mehrmals gewechselt werden. Eines Nachts kam der Pfleger jedoch mit einem weißen Umhang. Als ich mich darin im Spiegel sah, musste ich lachen. Aus meiner Sicht sah ich wie ein weihnachtlicher Engel aus. (Wer mich kennt, der wird verstehen, dass man bei dieser Vorstellung tatsächlich lachen muss.) Der weiße Umhang hatte eine andere Stoffqualität als der blau karierte und ich stellte bald fest, dass ich darin weniger schwitzte. Deshalb fragte ich den Pfleger, ob er mir künftig immer einen weißen Umhang bringen könnte. Darauf antwortete dieser: „Die weißen Umhänge geben wir sehr ungern aus, denn die sehen aus wie unsere Leichentücher.“ Aus seiner Sicht gesehen, sah er ein Leichentuch; aus meiner Sicht gesehen, sah ich ein Engelsgewand. Als ich dem Pfleger meine Betrachtungsweise mitteilte, musste auch er lachen.

Jeder sieht es aus seiner Sicht.

Auch Herr Neu hatte unsere Albtraumfirma im vorhergehenden Kapitel einzig aus seiner Sicht beurteilt. Seine Meinung war eben, dass in dieser Firma vieles nicht in Ordnung sei. Er hatte eine unfreundliche Telefonistin, fahrlässige Mitarbeiter in der Abfüllanlage, eine verschmutzte Toilette, Staub im Showroom und frustrierte Mitarbeiter erlebt.

Hatte Herr Neu mit seiner Meinung Recht? Er hatte schließlich alles aus seiner Sicht bewertet, deshalb hatte er,

aus seiner Sicht gesehen, auf alle Fälle Recht.

Würden wir die betreffenden Mitarbeiter fragen, so garantiere ich Ihnen, sie hätten alle einen berechtigten Grund (aus **deren** Sicht gesehen), warum alles so unglücklich verlaufen ist.

Die Botschaft lautet also:

Jeder sieht es aus seiner Sicht, aus seinem Blickwinkel, bzw. er beurteilt es auf der Basis seiner Lebenserfahrung.

Bedingt durch den Umstand, dass jeder alles aus seiner Sicht sieht, glaubt logischerweise jeder, er wäre im Recht. Hätten Sie gerne noch ein paar Beispiele? Bitte sehr:
Welche Partei hat denn Recht mit ihren Argumenten? Ist es die CDU, die CSU, die SPD, die FDP, sind es die Grünen oder eine sonstige Partei? Alle Politiker sehen es aus **ihrer** Sicht. Persönliche Motive, wie z. B. Macht und Geld, könnten eine nicht unerhebliche Rolle spielen. Verzeihung, falls Sie, lieber Leser, gerade Politiker sind. Ich meine natürlich immer die Politiker der anderen Parteien!

Und wie sieht es der Bürger? Es kommt darauf an. Sozialhilfeempfängern wird es ziemlich egal sein, ob z. B. die Einkommensteuer erhöht wird oder nicht. Besserverdienende werden überwiegend gegen eine Erhöhung sein.

Jeder sieht es eben aus seiner Sicht.

Wer hat denn Recht mit seinen Argumenten: die Arbeitgeberverbände oder die Gewerkschaften? Viele wollen immer nur das Beste **für sich:** „Wir sind die Guten und die anderen die Bösen." Leider herrscht eine ähnliche Einstellung häufig auch im Umgang mit Kunden vor. Das sieht dann so aus: Die Firmen bzw. die Mitarbeiter sind die Guten und die Kunden sind die Bösen. Das Ganze geschieht natürlich unbewusst, weil sich eben viele nicht klar darüber sind, woher ihr Geld wirklich kommt.

Sie sind der Meinung: „Das gibt es nicht.“ Sie haben vollkommen Recht, **aber nur aus Ihrer Sicht bzw. von Ihrem Standpunkt** aus betrachtet.

Auf den gleichen Standpunkt kommt es an.

Sehen wir uns doch einmal ein freistehendes Haus an. Angenommen, vor jeder Seite dieses Hauses steht ein Betrachter und soll es beschreiben. Der Betrachter der Westseite wird eine völlig andere Beschreibung abgeben als der Betrachter der Ostseite. Nord- bzw. Südseite werden ebenfalls von einem völlig anderen Standpunkt aus wahrgenommen. Zum Schluss haben wir vier verschiedene Ansichten über dieses Haus. Würden alle vier Beobachter dieses Haus gemeinsam von **allen vier** Seiten betrachten, so kämen sie wahrscheinlich auf einen gemeinsamen Standpunkt. Im schlimmsten Falle könnte sogar dieser noch unterschiedlich sein. Wenn also unterschiedliche Meinungen vorherrschen, so sollten wir zunächst herausfinden, von welcher Seite denn gerade gesprochen wird: von der Nord-, Süd-, West- oder Ostseite. Der kühle Kunde ist eventuell der Betrachter der Nordseite. Einige Mitarbeiter wollen nur den Süden sehen, sozusagen die Sonnenseite des Hauses bzw. nur die Vorteile. Die Westseite entspricht vielleicht der Meinung eines Lieferanten. Der Chef steht auf dem Standpunkt Ostseite.
Die Spezies Mensch lebt zwar auf dem Planeten Erde, aber jeder lebt durch seine Sichtweise, von seinem Standpunkt aus gesehen, genau genommen in einer anderen Welt.

4 Jeder sieht es aus seiner Sicht

Wir leben zwar alle unter dem gleichen Himmel, aber wir haben nicht alle den gleichen Horizont.
(Konrad Adenauer)

Die Welt ist absolut objektiv, also unvoreingenommen und unparteiisch. Nur wir Menschen sehen alles subjektiv. Wir lassen uns von unseren Ansichten, Meinungen, Interessen und Vorurteilen parteiisch leiten und behaupten auch noch, damit im Recht zu sein.

Wenn Menschen andere Meinungen oder Ansichten haben, so ist es sehr interessant, herauszufinden, von welchem Standpunkt bzw. aus welcher Sicht sie die Angelegenheit betrachten.

Interessant ist doch, dass wir alle Arbeitgeber oder Arbeitnehmer (dazu zähle ich auch Beamte) sind und alle von den Kunden leben. In unserer Freizeit aber sind **wir** plötzlich die Kunden und sehen alles mit einem Mal aus einem ganz anderen Blickwinkel.

Ein Verkäufer in einem Kaufhaus sagt um 8:29 Uhr zu seinen Kollegen: „Draußen wartet schon die Meute." Er meint damit die Kunden, die sich vor dem Haupteingang drängeln, bis dieser endlich aufgesperrt wird. Nach Dienstschluss geht derselbe Verkäufer in den Biergarten und ärgert sich über die unfreundliche Bedienung. Wahrscheinlich hat die Bedienung auch die Einstellung: „Oh Gott, heute, bei diesem schönen Wetter, kommt wieder die ganze Meute in den Biergarten!"

Und immer sind wir der Meinung, wir sind die Guten und die anderen die Bösen.

Dieselben Leute wechseln mit Dienstschluss einfach die Seite und damit ihre Sichtweise.

Sie sehen es von einer Minute auf die andere schlagartig aus einem ganz anderen Blickwinkel, denn plötzlich sind sie die Betroffenen.

Wir stehen mit dem Auto an der Kreuzung und übersehen, dass die Ampel bereits Grün zeigt. Deswegen hupt uns der Hintermann an. Wir versuchen, schnell anzufahren und in der Hektik stirbt uns auch noch der Motor ab. Der Hintermann hupt schon wieder. Nachdem wir die Situation endlich in den Griff bekommen haben und losgefahren sind, fluchen wir auf den Hintermann, weil der uns durch sein Hupen mehr oder minder erst in diese verzwickte Lage gebracht hat. Zwei Tage später stehen wir wieder an derselben Ampel. Dieses Mal hupen **wir** unseren Vordermann an, weil dieser bei Grün nicht gleich losfährt. Und als er endlich losfahren will, stirbt diesem Blödmann auch noch der Motor ab. Raten Sie mal, was jetzt passiert. Ja, genau! Wir hupen natürlich ein zweites Mal und denken uns nebenbei: „Der hat wohl seinen Führerschein im Lotto gewonnen!“

Na ja, jeder sieht es eben aus seiner Sicht!

Deswegen wird es höchste Zeit,
dass wir im Berufsleben endlich anfangen,
es aus der Sicht der anderen zu sehen.

Dazu gehören z. B. Vorgesetzte, Kollegen und Kunden.

Es würde vieles vereinfachen, wenn wir anfangen würden, mehr aus der Sicht der Kunden zu denken. Wir könnten dadurch leichter notwendige Entscheidungen treffen. Wir müssten uns nur die Frage stellen: „Dient diese Entscheidung dem Wohle unserer Kunden?“

Ganz schlaue Unternehmer werden jetzt sagen: „Na gut, dann verschenken wir halt unsere Produkte. Dann ist der Kunde glücklich, aber wir sind bald pleite.“ Es versteht sich natürlich von selbst, dass es **so** nicht gemeint ist.

Zum besseren Verständnis eine wahre Begebenheit:
Ein Möbelhaus hatte mehrere Filialen. Es kam immer wieder vor, dass Kunden in den Filialen anriefen und wissen wollten, wann denn ihre Möbel geliefert würden. Da diese Filialen keine Computerverbindung zur Zentrale hatten, musste jeweils telefonisch nachgefragt werden. Aber wie es im Leben so ist, telefonierte der zuständige Mitarbeiter gerade mit einer anderen Filiale oder er war aus anderen Gründen nicht erreichbar. Somit konnte den Kunden in vielen Fällen nicht sofort Auskunft erteilt werden. Kurzum, die Filialleiter wiesen immer wieder auf diese ungünstige Situation hin. Der zuständige EDV-Leiter sah jedoch keinen Handlungsbedarf. Als ich ihn fragte, wann er zuletzt Geld ausgegeben habe, woher dieses kam usw. (Sie kennen ja bereits diese Fragen) und ihm endlich ein Licht aufging, meinte er, aus der Sicht der Kunden hätte er dieses Problem bisher noch nie betrach-

tet. Bei ihm stand immer die EDV im Vordergrund und da war es viel einfacher und preiswerter, wenn die Filialen keine eigenen Terminals hatten. (Vielleicht fehlte ihm auch das nötige Know-how, die Computer zu vernetzen.)

Vielleicht kommen auch Sie nun zu der Überzeugung, dass man zahlreiche Probleme dadurch lösen könnte, dass man versucht, alles auch einmal aus der Sicht des Kunden zu sehen.

Als Kunden haben wir oftmals Angst, dass wir über den Tisch gezogen werden sollen. Wir glauben, dass wir nur kaufen sollen und sich danach niemand mehr für uns interessiert. Auch die Werbung hält selten, was sie verspricht, wodurch Enttäuschungen vorprogrammiert sind. Versteckte Preiserhöhungen durch Reduzierung des Inhaltes stellt man als Kunde ebenfalls immer häufiger fest. Früher war es z. B. üblich, dass man in der Gastronomie 0,5-Liter-Gläser verwendet hat. Heute sind es oft nur noch 0,4-Liter-Gläser, bei gleichem Preis. Als Kunde fühlt man sich da betrogen. Übrigens: Auch in anderen Branchen sind Mogelpackungen bei Kunden nicht sehr beliebt. Es gibt leider immer noch Firmen, die glauben, der Kunde, dieser Dummkopf, bemerke so etwas nicht. Auch Handwerker, die ihre Termine nicht einhalten, die nicht sorgfältig arbeiten oder überzogene Rechnungen schicken, sind leider keine Seltenheit.

Ich will jetzt keineswegs irgendwelche Branchen verunglimpfen. Ich möchte ja gerade das Gegenteil erreichen, nämlich aufzeigen, wie man es besser machen könnte.

Allerdings stellt sich die Frage: „Warum sind so viele Menschen mit Behörden, Firmen, Geschäften oder Handwerkern unzufrieden?“ Es belegt eigentlich nur, dass es die Servicewüste Deutschland anscheinend doch noch gibt.

4 Jeder sieht es aus seiner Sicht

Viele Kunden beklagen sich darüber, dass Verkäufer immer öfter versuchen, die Mitbewerber schlecht zu machen. Daraus schließt der intelligente Kunde: „Wer selbst keine Stärken hat, dem bleibt nichts anderes übrig, als die Schwächen der anderen aufzuzeigen, um von den eigenen Defiziten abzulenken.“ (Übrigens ein beliebtes Spiel unter Politikern.)

Machen wir uns nichts vor: Der Kunde von heute ist aufgeklärter und damit auch kritischer als früher. Oft ist er sogar besser informiert als so mancher Verkäufer. Er hat immer mehr globale Vergleichsmöglichkeiten, z. B. über das Internet oder durch Warentests, die in den Medien veröffentlicht werden. Auf der anderen Seite wird der Kunde geradezu überschwemmt mit verwirrenden Informationen. Denken Sie z. B. nur an die praktisch so gut wie nicht mehr vergleichbaren Versicherungstarife.

Der Kunde entscheidet unbewusst aus dem Bauch heraus. Auch wenn Argumente noch so überzeugend scheinen – wenn er sich nicht gut fühlt, kauft er nicht!

Schlecht geschulte und schlecht bezahlte Verkäufer mit „Ich-nix-wissen“- oder „Kollege-kommt-gleich“-Mentalität geben dem Kunden eher das Gefühl eines Bittstellers und nicht das eines willkommenen Kaufinteressenten.

Wer seine Kunden unterschätzt, wird früher oder später einen deutlichen Umsatzrückgang verspüren. Als Rettungsanker wird dann gerne ein Unternehmensberater bemüht.

Ich erinnere mich da an einen Gastronomiebetrieb. Der betreffende Unternehmensberater befragte die Mitarbeiter und analysierte wochenlang. Außer dem Vorschlag, einigen Mitarbeitern zu kündigen, um Kosten einzusparen, kam nicht viel dabei heraus. Bisweilen habe ich den Eindruck, dass manche Firmen nur deshalb Unternehmensberater beauftragen, damit sie Entlassungen bequemer begründen können. Um Missverständnissen vorzubeugen (denn jeder sieht es ja aus seiner Sicht): Ich habe überhaupt nichts gegen Unternehmensberater – im Gegenteil. Mich stört nur, wenn einigen dieser Herren außer Kosteneinsparungen nichts einfällt. Meines Wissens ist noch kein Unternehmen nur durch Sparen erfolgreich geworden. Meine Empfehlung lautet deshalb:

Lieber Gesundwachsen statt Gesundschrumpfen.

Umsatzsteigerung vor Kosteneinsparung.

Ich glaube, dass Umsatzsteigerungen eher Probleme lösen als Kosteneinsparungen.

Hätte unser Unternehmensberater nur einen Tag lang die Gäste befragt, so wäre er sehr schnell dahinter gekommen, wo die wahren Schwachstellen lagen. Hätte der Gastronomiebetrieb auf die Kundenwünsche entsprechend reagiert, so wäre der Umsatz ganz sicher gestiegen.

Mit steigendem Umsatz wachsen die Chancen, dass Mitarbeiter nicht entlassen werden müssen, sondern vielleicht sogar zusätzliche Arbeitsplätze geschaffen werden können. Man wird jedoch erst zu solchen Erkenntnissen gelangen, wenn man sich als Unternehmer oder Mitarbeiter bewusst ist, dass die meisten Menschen alles nur aus ihrem eigenen Blickwinkel und von ihrem Standpunkt aus sehen.

4 Jeder sieht es aus seiner Sicht

Indem wir versuchen,
auch die anderen Sichtweisen zu berücksichtigen,
können wir entsprechend agieren,
statt immer nur zu reagieren.

Die ersten drei Kapitel hatten sehr viel mit Kunden zu tun.

Um aber ein Traumchef oder ein Traummitarbeiter zu werden, sollten wir uns in den nächsten Kapiteln mehr mit uns selbst beschäftigen.

Wir haben noch sehr viel Saatgut, das wir säen können, um traumhafte Ernten einzufahren.

Meine persönlichen Notizen zu Kapitel 4

5 Motivation

Traumfirmen haben stark motivierte Chefs und Mitarbeiter.

Ohne motivierte Mitarbeiter gibt es keinen wirtschaftlichen Erfolg.

Nur qualifizierte und motivierte Mitarbeiter bringen ein Unternehmen voran.

Wenn wir das Wort „motiviert“ genauer betrachten, so finden wir darin das Wort „**Motiv**“.

Was ist Ihr Motiv, Ihr Beweggrund, Ihr Antrieb? Warum arbeiten Sie? Menschen haben ein Grundbedürfnis nach Schutz und Sicherheit. Deshalb wird einer der Hauptgründe sein, Geld zu verdienen, um damit das tägliche Überleben zu sichern.

Ein weiterer Grund könnte sein, etwas mehr Geld zu verdienen, um sich ein angenehmeres Leben leisten zu können. Weitere Steigerungen sind denkbar. Mitarbeiter, denen keine weiteren sinnvollen Gründe einfallen, sind sehr zu bedauern. Sie haben die Einstellung: „Arbeit muss sein, weil ich Geld brauche." Ein paar kritische Bemerkungen vom Chef reichen aus und sie kündigen innerlich. Sie tun nur noch das, was ihnen aufgetragen wird und keinen Handstrich mehr. Damit soll niemand pauschal verurteilt werden. Es gibt sogar Vorgesetzte, die sehr gerne solche Mitarbeiter beschäftigen. Aber das sind Chefs, die die Meinung vertreten: „Was ich sage, das wird getan und sonst nichts, basta. Ich bin der Denker und Lenker in dieser Firma. Meine Mitarbeiter sollen nicht denken, sondern arbeiten."

Wir beschäftigen uns jedoch mit Traumfirmen und Traummitarbeitern.

Um dem Anspruch Traumfirma bzw. Traummitarbeiter gerecht zu werden, genügt es eben nicht, Arbeit nur als notwendiges Übel zu betrachten. Mitarbeiter, die kein Motiv haben, stehen morgens frustriert auf und gehen lustlos zur Arbeit. Abends sitzen sie vor dem Fernsehgerät, knabbern Chips oder Nüsschen, trinken ein Bierchen oder auch zwei und danach gehen sie ins Bett. Am nächsten Tag fängt der gleiche Trott wieder von vorne an. Ihr Leben ist so fade wie ein abgestandenes Bier.

Um ein hoch**motiv**ierter Traumchef oder Traummitarbeiter zu werden, braucht man deshalb sinnvolle Motive.

Welche Motive haben **Sie**?

Im untenstehenden Kästchen gebe ich Ihnen die Möglichkeit, Ihre wichtigsten Motive schriftlich festzuhalten.

Haben Sie ein paar gute Motive für sich gefunden?

Wenn ja, so sind Sie künftig nicht mehr auf kurzfristige Motivation von außen angewiesen.

Jeder Traummitarbeiter hat seine eigenen Motive. Trotzdem wollen wir die häufigsten Motive und ihre Auswirkungen näher unter die Lupe nehmen.

Heutzutage wollen viele Mitarbeiter „Fun", also Spaß bei der Arbeit haben.

Ich meine hiermit keine Scherzbolde, sondern Mitarbeiter, die Freude an der Arbeit haben. In unserer Freizeit beschäftigen wir uns freudig mit unserem Hobby. Hätten wir keine Freude daran, so würden wir uns ziemlich sicher ein anderes Hobby suchen.

Sie sehen also, der „Fun-Gedanke“ ist durchaus legitim.

Wenn wir Spaß oder Freude an unserem Hobby haben, sind wir bereit, Neues zu erlernen. Wir werden kreativ tätig und suchen ständig nach Verbesserungs- oder Erweiterungsmöglichkeiten. Wir besorgen uns Fachliteratur, besuchen Messen oder Ausstellungen, nehmen an Seminaren oder Kursen teil oder gehen in ein Trainingslager usw.

Nicht anders verhält es sich mit Traumchefs und Traummitarbeitern. Auch diese sind bereit, ständig dazuzulernen, innovativ tätig zu sein und nach Verbesserungsmöglichkeiten Ausschau zu halten. Selbstverständlich werden sie Fachbücher lesen, an Seminaren teilnehmen oder Messen besuchen.

Traumchefs und Traummitarbeiter wollen gefördert und gefordert werden. Sie wollen nicht nur in ihrer Freizeit Freude haben, sondern diese Freude auch in die tägliche Arbeit mit einbringen.

Traummitarbeiter wollen einen Sinn in ihrer Arbeit sehen.

Traummitarbeiter wollen sich selbst verwirklichen.

Traummitarbeiter wollen Erfüllung in ihrem Job.

Traummitarbeiter wollen eine tiefe innere Befriedigung bei ihrer Arbeit.

Sie wollen keine sturen Befehlsempfänger sein, sind aber durchaus bereit, die an sie delegierten Aufgaben zu erfüllen, wenn sie einen Sinn darin sehen.

Deswegen arbeiten diese Mitarbeiter besonders gerne bei Firmen, die eine eigene Firmen-Philosophie haben, hinter der sich ein tieferer Sinn verbirgt.

Bevorzugt werden dabei Firmen, die einen positiven Beitrag für Menschen, Tiere oder Pflanzen leisten, quasi einen positiven Beitrag für unseren Planeten Erde.

Sinnorientierte Mitarbeiter fügen sich in der Praxis schwer in ein firmeninternes Kadersystem ein - ein System, vom Militär übernommen, bei dem alles von oben nach unten delegiert wird.

Traummitarbeiter, die Sinn und Erfüllung in ihrer Arbeit finden, eignen sich gut für Teamarbeiten. Sie wissen, dass jeder seine individuellen Stärken hat und dass man in erster Linie mit Teamwork das Maximum herausholen kann. Sie bevorzugen Führungskräfte, die keine sturen Befehlsgeber sind, sondern als Moderatoren innerhalb einer Gruppe oder Abteilung auftreten.

In diesem Kapitel wird erneut sehr deutlich, dass jeder Chef genau die Mitarbeiter hat, die er verdient und umgekehrt.

Bitte denken Sie daran: Wir versuchen nicht, die Schuld auf die andere Seite zu schieben und diese zu verurteilen.

Wenn man ein Haar in der Suppe findet, ist es meistens das eigene.

Wir fangen jedenfalls bei uns selbst zu säen an. Wir müssen nur überzeugt sein, dass wir eine großartige Ernte einfahren werden.

Viele Mitarbeiter haben zu wenig Ausdauer. Sie wollen heute säen und am besten sofort oder spätestens morgen ernten. So funktioniert das nicht.

Wenn Sie einen Apfelbaum säen, werden Sie auch nicht innerhalb weniger Tage Äpfel ernten.

Alles, was Sie säen, braucht seine Zeit. Zwischen dem Säen und dem Ernten liegt die Zeit des Reifens. Aber Sie können sicher sein, die Ernte wird immer mehr hervorbringen, als das, was Sie gesät haben. Denken Sie an einen Bauern, der Weizenkörner sät. Er wird um ein Vielfaches mehr an Weizenkörnern ernten als er gesät hat.

Wenn Sie sich dessen gewiss sind, werden Sie die notwendige Ausdauer aufbringen, um auf die Ernte zu warten. Bis Ihre Saat aufgeht, können Sie jedoch weitere Samenkörner säen. Je nachdem, was Sie säen, werden Sie feststellen, dass bei einer bestimmten Spezies die Saat früher aufgeht und bei einer anderen etwas später.

So mancher Samen wurde schon vom Winde verweht oder von den Vögeln weggetragen und somit wurde die Ernte an einem anderen Ort eingefahren. Es kann deshalb durchaus sein, dass Sie woanders ernten, vielleicht bei einer anderen Firma, durch eine unerwartete Erbschaft oder einen Lottogewinn etc. An Traummitarbeitern sind auch andere Traumfirmen besonders interessiert.

„Gleiches zieht Gleiches an." Dies ist ein uraltes geistiges Gesetz der Resonanz, das selbstverständlich auch heute noch seine Gültigkeit hat.

Sie brauchen nichts zu unternehmen, nur im festen Vertrauen auf die Ernte warten. Und während des Wartens sollten Sie weiterhin Ihr Bestes geben und ständig neuen Samen ausstreuen.

Das feste Vertrauen in das Naturgesetz

„Was man sät, das wird man ernten“

müsste ausreichen, um hoch motiviert und mit Freude zu arbeiten.

Hoch motivierte Mitarbeiter können sich normalerweise in fast jeder Firma selbstverwirklichen, selbst wenn diese noch keine Traumfirma ist.

Für hoch motivierte Mitarbeiter ist ihr Beruf „Berufung“.

Es gibt Lehrkräfte, denen es egal ist, ob ihre Schüler etwas lernen oder nicht. Sie spulen lediglich ihren Lehrplan ab. Wer den Stoff nicht versteht, wird einfach als dumm oder faul eingestuft.

Ich habe allerdings auch schon von Lehrern gehört, die in ihrer Freizeit mit einem schwierigen Schüler gepaukt haben, weil sie ihren Beruf als Berufung ansahen. Sie waren erst dann glücklich, als auch dieser etwas schwierigere Schüler ein zufriedenstellendes Ergebnis erzielt hatte.

Es soll Ärzte geben, die nur studiert haben, weil sie sich als Mediziner ein hohes gesellschaftliches Ansehen erwarteten. Andere Ärzte wiederum sind mit Leib und Seele Arzt. Manche gehen für wenig Geld in Krisengebiete, nehmen irrsinnige Strapazen auf sich und riskieren dabei vielleicht sogar ihr Leben.

Es gibt Postboten, für die ist ihr Beruf Berufung. Einer äußerte sich in etwa so: „Ich bin Frischluftfanatiker und werde für das Spazierengehen an der frischen Luft sogar bezahlt. Normalbürger müssen dafür ihre Freizeit aufwenden. Es macht mir Freude, Briefe und Pakete zu überbringen. Dabei lerne ich viele Leute kennen und kann versuchen, diese mit meiner guten Laune anzustecken."

Sie kennen in Ihrem Bekanntenkreis sicherlich auch Personen, die in ihrem Beruf ihre Berufung gefunden haben.

Diese Beispiele sollen beileibe kein Wertmaßstab für Beruf oder Berufung sein. Es sind lediglich Hinweise, auf gewisse Dinge zu achten, um sich zu sensibilisieren, welche Personen ihren Beruf als Berufung und dadurch auch mit einer tiefen inneren Befriedigung ausüben.

Man kann jede berufliche Tätigkeit in Beruf oder Berufung einordnen. Wer noch unsicher ist, in welche Kategorie er sich selbst einordnen sollte, kann sich folgendermaßen orientieren:

Haben Sie Freude an Ihrer Tätigkeit? Macht Ihnen Ihr Job Spaß? Sehen Sie einen Sinn in dem, was Sie tun? Entspricht das, was Sie tun, Ihren Fähigkeiten und Talenten? Tun Sie das, was Sie tun, wirklich gerne? Arbeiten Sie mit Leib und Seele? Sind Sie hoch motiviert dabei?

Finden Sie in Ihrer derzeitigen Tätigkeit keine Erfüllung, so haben Sie immerhin das Glück, dass Sie in einem freien Land leben und jederzeit etwas verändern können.

Sie sehen das anders? Sie haben auf alle Fälle Recht, aber nur aus Ihrer Sicht gesehen.

Nicht vorenthalten möchte ich Ihnen die Tatsache, dass Mitarbeiter, die nicht in der Lage sind, sich selbst zu motivieren, ständig von anderen motiviert bzw. manipuliert werden.

Es gibt Führungskräfte und Mitarbeiter, die ständig von einer Motivationsveranstaltung zur nächsten rennen. Kaum ärgern sie sich über ihren Partner oder über einen Kunden, halten sie schon wieder Ausschau nach der nächsten Veranstaltung. Andere kaufen sich ständig neue Motivations- oder Erfolgsbücher.

Auch dieses Buch ist unter diese Rubrik einzuordnen. Sie können sich zwar von diesem Buch motivieren lassen, aber nur für eine kurze Zeit – es sei denn, Sie setzen das neue Wissen in die Praxis um.

Wahre Motivation kann nur von IHNEN selbst, sozusagen aus Ihrem Inneren kommen und nicht von außen.

Im Endeffekt ist es gleichgültig, was und wie Sie etwas tun, um sich persönlich zu motivieren. Wichtig ist nur, dass Sie in der Lage sind, sich permanent selbst zu motivieren.

Wenn Sie keine bessere Methode kennen, so könnten Sie es ja mal mit meiner versuchen:
Als ökonomisch veranlagter Mensch hinterfrage ich jede Art von Tätigkeit, ob diese wirklich nötig ist. Wenn die Antwort „Ja" lautet, so stelle ich mir die Frage: „Gibt es irgendeine Möglichkeit, diese Arbeit einfacher, rationeller, kostengünstiger, effektiver oder sinnvoller zu gestalten?"

Absolut ALLES kann man verbessern, wenn man die richtige Einstellung dazu hat.

Zum besseren Verständnis ein wirklich einfaches Beispiel, aber es drückt genau das aus, was ich als Minimum der Selbstmotivation verstehe.

Während meiner kaufmännischen Ausbildung mussten wir Lehrlinge in unserer Firma Tausende von Serienbriefen einkuvertieren. Keiner von uns hatte große Lust dazu. Natürlich kamen wir sehr schnell auf die Idee, eine Kuvertiermaschine wäre das Optimale. Es wurde uns jedoch glaubhaft versichert, dass so eine Maschine zu teuer sei und es für die Firma billiger wäre, wenn wir Lehrlinge diese Arbeit übernehmen würden. Außerdem wäre das schon immer so gewesen. Folglich blieb mir nichts anderes übrig, als das Beste daraus zu machen. Also legte ich meine Armbanduhr auf den Schreibtisch und versuchte herauszufinden, wie viele Briefe ich pro Minute einkuvertieren konnte. Das nächste Ziel war, mindestens einen Brief mehr pro Minute zu schaffen. Um dieses Ziel zu erreichen, ordnete ich erst einmal Briefe und Kuverts. Irgendwann kam der Zeitpunkt, an dem ich es einfach nicht mehr schaffte, einen neuen Minuten-Rekord aufzustellen. Also versuchte ich herauszufinden, wie viele Kuverts ich in fünf Minuten schaffe. Dabei probierte ich verschiedene Methoden aus, um diesen Rekord erneut zu überbieten. Nachdem ich den Fünf-Minuten-Rekord nicht mehr übertreffen konnte, erhöhte ich auf fünfzehn Minuten.

Plötzlich ertönte der Gong zur Mittagszeit. Ich war sehr erstaunt darüber, dass zwischenzeitlich bereits drei Stunden vergangen waren, in denen ich nur Briefe einkuvertiert hatte. Meine Kollegen sagten: „Endlich Mittagszeit! So etwas

Langweiliges, stundenlang nur Briefe einzukuvertieren!" „Da gehe ich ja noch lieber zur Berufsschule!", meinte sogar einer. Ich dagegen hatte bei dieser stupiden Tätigkeit nicht nur einen Riesenspaß, sondern dabei auch noch doppelt so viele Briefe einkuvertiert. Die Zeit verging fast wie im Fluge. Dabei hatte ich aufgrund einer gewissen Konzentrationsfähigkeit auch noch im Heute, Hier und Jetzt (siehe nächstes Kapitel) gelebt, was ich aber damals noch nicht wusste.

Diese Geschichte werde ich nie vergessen. Vielleicht lachen Sie jetzt und denken sich: „Das war ja wirklich ein saublödes Beispiel." Ich gebe Ihnen absolut Recht. Aber aus meiner Sicht ist es ein Musterbeispiel, wie man sich sogar für simpelste Arbeiten motivieren kann.

Es ist dann wahrlich keine Kunst mehr, sich auch für kompliziertere Tätigkeiten zu motivieren.

Motivierte Mitarbeiter sind sehr innovativ.

Darunter verstehe ich, etwas neu zu beleben bzw. zu verbessern, also neue Maßstäbe zu setzen, z. B. mehr zu bieten, als die Vorgesetzten, Mitarbeiter oder Kunden erwarten.

Das Gegenteil von Innovation sind Chefs oder Mitarbeiter mit der verstaubten Aussage: „Das haben wir schon immer so gemacht."

Die wichtigste Voraussetzung permanenter Innovation ist der konsequente Wille, alles Bestehende in Frage zu stellen und zu überlegen, wie man es verbessern könnte.

Man kann zwar theoretisch versuchen, alles perfekt zu planen. Es muss aber auch einmal erlaubt sein, etwas auszuprobieren, selbst wenn man zu dem ernüchternden Ergebnis käme, dass man sich geirrt hat.

Dieser Irrtum kann durchaus die Inspiration für die nächste Innovation sein.

Innovative Chefs und Mitarbeiter leisten einen enorm wichtigen Beitrag für jedes Unternehmen. Mit diesen Erfolgen sind oftmals mehr Umsatz und neue Arbeitsplätze verbunden oder zumindest die bestehenden wesentlich sicherer.

Nur wer in der Lage ist, sich selbst zu motivieren, ist ein begeisterter und innovativer Traumchef oder Traummitarbeiter.

Bisher haben Sie überwiegend erfahren, **was** man säen könnte.

Im nächsten Kapitel erfahren Sie, **wie** man Samenkörner am besten sät.

Meine persönlichen Notizen zu Kapitel 5

6 Heute - Hier - Jetzt

Haben Sie schon etwas von der „Kraft des positiven Denkens" gehört oder gelesen?

Jeder Mensch hat Situationen in seinem Leben, in denen er positiv bzw. negativ denkt. Interessant ist dabei das Verhältnis. Denken Sie an eine Kippwaage, bei der man auf eine Seite ein Gewicht stellt, auf die andere Seite das, was gewogen werden soll. Auf welcher Seite der Waage haben Sie mehr Gewicht? Auf der positiven oder auf der negativen Seite? Wenn das Verhältnis 50:50 ist, so werden Sie in etwa im gleichen Verhältnis positive und negative Erfahrungen sammeln. Diese Erfahrungen prägen unser ganzes Leben, weshalb wir ja alles aus unserer eigenen Sicht sehen. Ein positiv orientierter Mensch wird deshalb aus vielen Situationen etwas Positives gewinnen können. Einem eher negativ orientierten Menschen fallen mehr die negativen Seiten auf.

Kritiker werfen den so genannten „Positiv-Denkern" gerne vor, sie würden doch alles nur beschönigen und dabei die Realität aus den Augen verlieren. Natürlich erlebt auch ein Optimist nicht nur positive Dinge in seinem Leben, genauso wenig wie ein Pessimist nur Negatives erlebt. Der Unterschied liegt darin, dass jeder mit seinen Problemen anders umgeht.

Bei einem unangenehmen Ereignis, z. B. einer beruflichen Kündigung, wird ein negativer Mensch jegliche Verantwortung von sich weisen und sich bei Gott und der Welt über diese Ungerechtigkeit beschweren. Er kommt nicht im Entferntesten auf die Idee, dass dieses Erlebnis etwas mit ihm selbst zu tun haben könnte. Er wird jammern und sich vom Schicksal ungerecht behandelt fühlen. Vielleicht ist er auch noch überzeugt, in seinem Alter keinen gleichwertigen Job mehr zu finden.

Ein positiv orientierter Mensch dagegen wird versuchen, diesem vermeintlich negativen Ereignis etwas Positives abzugewinnen. Er wird sich seinem Schicksal nicht widerstandslos ergeben, sondern sich überlegen, was er daraus lernen könnte. Sicherlich ist es in Ordnung, für kurze Zeit enttäuscht zu sein. Dann jedoch wird er sich besinnen, dass in jedem Ereignis der Keim (Samen) für etwas Größeres steckt. Jetzt gilt es, diesen Keim zu erkennen. Es könnte doch sein, dass ein besserer Job mit mehr Geld und mehr Anerkennung bereits auf ihn wartet. Mit der geistigen Einstellung, etwas Besseres warte bereits auf ihn, wird er auch etwas Besseres anziehen. Nun begreift er, dass die Ernte woanders aufgeht als dort, wo er ursprünglich gesät hat.

Menschen mit einer negativen Lebenseinstellung erkennt man daran, dass sie ständig Angst vor der Zukunft haben. Ich meine damit nicht berechtigte Angst, z. B. vor wirklicher Gefahr, sondern überwiegend pessimistisch eingestellte Menschen, die in allem und jedem **zuerst** immer das Schlechte suchen.

Optimisten betrachten jede Krise als Chance. Sie stellen sich den Problemen, überlegen, was sie daraus lernen können und entwickeln Lösungsstrategien. Im chinesischen Schriftzeichen für Krise ist übrigens das Zeichen für Chance enthalten!

Negative Mitarbeiter benutzen gerne das Wort „aber".
Positive Mitarbeiter verwenden stattdessen das Wort „und".

Zum Beispiel:

„Ich hätte ja einige Verbesserungsvorschläge, **aber** vor lauter Arbeit habe ich keine Zeit, mit meinem Chef zu sprechen."

„Ich habe einige Verbesserungsvorschläge **und** werde mich bald mit meinem Chef diesbezüglich unterhalten."

Im Folgenden wollen wir uns noch ausführlicher mit „POSITIVEM DENKEN" beschäftigen.

Betrachten wir als Erstes nur das Wort „positiv". Was ist denn alles „positiv"? Ist es positiv, dass wir eine Kündigung erhalten haben oder ist es negativ?

Aufgrund des vorhergehenden Beispiels wissen Sie jetzt, dass es auf uns selbst ankommt, wie wir eine solche Situation bewerten. Je nachdem, aus welcher Sicht wir sie betrachten, aus der positiven oder der negativen.

Wenn wir mit unserem Auto einen Unfall verursachen, ist dies für uns negativ. Für die Autowerkstatt ist es jedoch positiv. Es war trotzdem derselbe Unfall. War dieser Unfall also positiv oder negativ?

Wenn Ihr Aids-Test positiv ausfällt, dann werden Sie die Nachricht ziemlich sicher als negativ betrachten.

Das Wort „positiv" ist absolut relativ, also - je nach betrachtetem Standpunkt - verschieden.

Umgangssprachlich verstehen die meisten Menschen jedoch unter „positiv", dass es für sie MOMENTAN günstig ist.

So manche Zeitgenossen fanden es **momentan** günstig, als sie ihren Partner geheiratet haben. Nach einiger Zeit fanden sie es nicht mehr so positiv. Was gestern für uns vermeintlich positiv war, ist heute evtl. sogar negativ. Manche Ehepaare finden das ursprünglich Positive plötzlich so negativ, dass sie sich sogar scheiden lassen.

Ich persönlich verstehe unter „positiv", dass etwas vorteilhaft für alle Beteiligten ist.

Was positiv ist, ist relativ bzw. subjektiv. Je nachdem, aus welcher Sicht man es beurteilt. Wir können somit beim „positiven Denken“ das Wort „positiv“ getrost weglassen. Somit bleibt das Wort „Denken“ übrig.

Denken ist die überragende Fähigkeit, die uns von anderen Lebewesen unterscheidet.

Unsere Gedanken formen unser Schicksal.

Durch die Macht der Gedanken bauen wir unser Leben auf oder zerstören es. Unsere Gedanken von heute formen und gestalten somit unsere Zukunft.

Denken ist Energiemanagement.

Sind Ihre Gedanken aufbauend oder entmutigend? Sie brauchen nur an Ihre größten Probleme zu denken und schon werden Sie feststellen, dass Ihre Kräfte Sie verlassen, als würde jemand Energie aus Ihrem Körper absaugen. Denken Sie jedoch an ein angenehmes, freudiges Erlebnis oder Ereignis, so wird sich Ihr Akku sofort wieder mit Energie aufladen. Bei einer Gehaltserhöhung von 100 Euro werden sich die Meinungen stark unterscheiden. Es wird Mitarbeiter geben, die eine Erhöhung in dieser Größenordnung als positiv empfinden und somit gute Gefühle dabei haben. Es wird aber auch Mitarbeiter geben, denen diese Gehaltserhöhung zu niedrig ist. Sie jammern, dass alles so ungerecht ist und haben dabei schlechte Gefühle.

Haben Sie sich schon einmal über etwas grün und blau geärgert, während ein anderer in der gleichen Situation darüber nur lachen konnte? Sie sehen, unsere gedankliche Bewertung einer Situation bestimmt unsere Gefühle.

Die Erkenntnis daraus lautet:

Alles, was wir denken, beeinflusst unser Gefühlsleben.

Entsprechend unserer derzeitigen Gefühlslage haben wir mehr oder weniger Energie zur Verfügung. Das heißt, wir können mit unseren Gedanken eine gewisse Menge an Eigenenergie steuern, jedoch nur, wenn wir uns bewusst sind, **was** wir gerade denken.

Wir haben täglich ca. 50 000 verschiedene Gedanken. Die wenigsten davon denken wir bewusst. Demnach sind uns die meisten unserer Gedanken unbewusst. Diese unbewussten Gedanken kommen aus unserem Unterbewusstsein. Unser Unterbewusstsein ist vergleichbar mit einer Computer-Festplatte. Diese speichert alles, was wir eingeben. Wir können mittels Tastatur, Maus, Scanner, elektronischem Zeichenbrett, digitaler Kamera oder Mikrophon Daten auf eine Festplatte eingeben.

Unser Unterbewusstsein verhält sich wie eine Festplatte.

Allerdings stehen uns hier andere Eingabehilfsmittel zur Verfügung. Lenken wir unser Bewusstsein z. B. auf das Eingabemedium „Augen“. Unsere Augen sind vergleichbar mit einer Digitalkamera. Alles, was wir sehen bzw. in unserem bisherigen Leben gesehen haben, wird von unserer Augen-Filmkamera aufgenommen und in unserem Unterbewusstsein gespeichert. Wenn wir z. B. unser Unterbewusstsein mit vielen Krimis füttern, so brauchen wir uns nicht zu wundern, wenn wir irgendwann einmal Angst bekommen, Opfer eines Verbrechens zu werden. Erkennen Sie, warum es nicht vorteilhaft ist, wenn man Kinder wahllos fernsehen lässt?

Alles, was wir hören, wird ebenfalls auf unserer Festplatte Unterbewusstsein gespeichert. Unsere Ohren sind somit vergleichbar mit Mikrophonen, die jedes ausgesprochene Wort aufnehmen und speichern.

Haben Sie sich schon einmal die Finger verbrannt? Ja? Auch dieses Erlebnis ist auf Ihrer Festplatte (Unterbewusstsein) gespeichert.

Zusammenfassend können wir feststellen: Alles, was wir über unsere fünf Sinne wahrnehmen, wird gespeichert.

Die Summe unserer Lebenserfahrung ist gespeichert.

Denken wir z. B. an eine Banane. Schon wird unsere Festplatte „Unterbewusstsein" aktiv und wir können uns eine Banane bildlich vorstellen. Sie wird jedoch bei jedem von uns anders aussehen. Bei einigen wird es eine große Banane sein, bei anderen eine kleine, bei manchen eine schöne, reife oder eine verdorbene, je nachdem, was wir in der Vergangenheit überwiegend gespeichert haben.

Denken Sie doch jetzt bitte mal an eine Sukomolone.

Haben Sie schon eine bildliche Vorstellung dafür aus Ihrem Unterbewusstsein parat? Kann es sein, dass Sie noch nie eine Sukomolone gesehen, gefühlt oder gar gegessen haben? Ihre Festplatte hat hier also nichts auf Lager und kann somit nichts abrufen. (Um Ihre Neugierde zu befriedigen, weise ich ausdrücklich darauf hin, dass es eine Sukomolone gar nicht gibt - die habe ich nämlich frei erfunden.) Mit diesem neuen Wissen dürfte es jetzt verständlicher sein, dass wir alles nur aus unserer eigenen Sicht sehen, weil es abhängig ist von unseren Lebenserfahrungen, die wir in unserem Unterbewusstsein bisher gespeichert haben. Aus dieser Erkenntnis können wir sehr viel für unsere Persönlichkeitsentwicklung zum Traumchef oder Traummitarbeiter lernen. Wir haben es sozusagen selbst in der Hand, ob wir weiterhin unbewusst durchs Leben laufen und es dem Zufall überlassen, was unser Unterbewusstsein speichert oder ob wir ab sofort bewusster leben. Wir bestimmen also überwiegend selbst, was wir als Input auf unserer Festplatte Unterbewusstsein eingeben. Wie sollen Mitarbeiter kreative Ideen haben, wenn sie ihre Festplatte „Unterbewusstsein" ständig mit Aussagen füttern wie: „Unsere Kunden sind zu dumm", „Die wirtschaftliche Lage wird immer schlechter" oder „In unserer Firma ist sowieso alles „Sch...."? Traummitarbeiter werden stattdessen folgende Daten eingeben: „Ich lebe von unseren Kunden", „Wie könnten wir unseren Service verbessern?" oder „Unsere Firma wird ständig besser, da ich täglich bewusst säe."

Sie können Ihr Unterbewusstsein auch mit Humus in einem Gartenbeet vergleichen. Sie bestimmen mit Ihren Gedanken ganz bewusst, was Sie in Ihr Beet pflanzen oder säen. Säen sie Gurken, Kornblumen, Radieschen oder etwas ganz anderes - die Erde kann nur das produzieren, was Sie gesät haben. Genauso funktioniert Ihr Unterbewusstsein. Es kann nur das hervorbringen, was Sie vorher gesät haben.

Könnte es sein, dass Sie schon einmal etwas gesät haben, aber die Ernte wegen eines Unwetters ausgefallen ist? Was können Sie hier tun? Sie können zu dem Ergebnis kommen: „Das war unrentabel. Ich säe nichts mehr." Sie haben mit dieser Sichtweise, aus Ihrem Blickwinkel gesehen, vollkommen Recht. Sie können es allerdings auch erneut versuchen. Vielleicht gehören Sie dann zu den Glücklichen, die feststellen: „Diesmal ist die Ernte besonders gut ausgefallen!"

Jeder Samen hat die Tendenz, aufzugehen.

Jeder Gedanke hat die Tendenz, sich zu verwirklichen.

Zum Glück verwirklichen sich nicht alle unsere Gedanken; schließlich haben wir alle schon viel Negatives in unserem Leben gedacht. Das hat natürlich auch zur Folge, dass sich unsere positiven Gedanken nicht alle verwirklichen (z. B. Lottogewinn). Gedanken, die sich nicht verwirklichen, haben noch zu wenig Energie. Ein einmaliger negativer Gedanke hat genauso wenig Auswirkung wie ein einmaliger positiver Gedanke. Das heißt: Dinge oder Situationen, denen wir wenig oder gar keine Aufmerksamkeit schenken, lösen sich praktisch von selbst auf. Durch die Häufigkeit gleichgerichteter Gedanken bilden sich Gedankenformen, die bewirken, dass wir anfangen, daran zu glauben, was wiederum die Wahrscheinlichkeit erhöht, dass sie sich verwirklichen. Es gibt Menschen, die erzählen eine Lüge so oft, bis sie selbst glauben, dass es so gewesen sein muss. Sie wissen gar nicht mehr, dass es sich um eine Lüge handelt.

Der Glaube kann Berge versetzen.

Alle Erfindungen, wie z. B. die Dampfmaschine, der Dieselmotor, die Glühlampe oder die Waschmaschine, begannen mit der Entstehung eines Gedankenimpulses und dem Glauben an die Verwirklichung. Unsere äußere Welt ist der Spiegel unseres Bewusstseinszustandes. Das Leben antwortet stets auf das, was wir glauben.

Was Sie glauben, werden Sie anziehen wie ein Magnet.

Sie entscheiden, was Sie denken.

Wenn ein Chef glaubt: „Alles muss ich selbst machen, sonst wird es nichts Vernünftiges", so wird er stets viel Arbeit und Stress haben. (Jeder, wie er es verdient!) Erst wenn er genügend Vertrauen in seine Mitarbeiter setzt und wirklich an sie glaubt, werden diese in der Lage sein, die delegierten Aufgaben genauso gut zu erledigen - vielleicht sogar noch besser. Je mehr er seinen Mitarbeitern vertraut und ihnen dadurch Energie gibt, desto mehr werden sie sein Vertrauen rechtfertigen wollen. Er kann noch so positiv denken: „Meine Mitarbeiter schaffen das schon“; solange er es nicht wirklich glaubt, wird das nichts Vernünftiges.

Unsere Gedanken sind neutral und wirken unpersönlich.

Da Gedanken unpersönlich sind, können sie fatale Auswirkungen für uns haben, wenn wir uns dessen nicht bewusst sind. Das heißt, alle unsere Gedanken sind nicht nur auf andere Menschen gerichtet, sondern auch auf uns. Deshalb treffen üble Gedanken über andere Personen auch uns selbst.

Was immer Sie über andere Menschen denken oder diesen wünschen - es kommt zu Ihnen zurück.

Egal, ob Sie sich dessen bewusst sind oder nicht!

Wenn wir z. B. einen anderen Menschen hassen, hassen wir uns selbst. Wenn wir anderen etwas neiden, neiden wir es uns selbst. Wenn wir andere kritisieren, kritisieren wir damit uns selbst. Es ist eben das Gesetz von Ursache und Wirkung, manchmal auch unter „Gesetz des Bumerangs" bekannt. Ich nenne es, wie Sie ja schon wissen:

„Was wir säen, das werden wir ernten."

Natürlich wirkt das Ganze auch umgekehrt. Je mehr Menschen wir Anerkennung, Lob und Liebe geben, desto mehr werden auch wir davon ernten, eben nach den o. g. Gesetzen.

Zum besseren Verständnis noch ein Beispiel:
Kennen Sie Partnerschaften, die gescheitert sind? Wie oft wünscht da einer seinem Expartner alles Schlechte, nur nichts Gutes. Ist es dann nicht häufig so, dass der Expartner längst wieder glücklich verheiratet ist, der andere aber große Probleme hat, einen neuen Partner zu finden? Vermutlich kennen auch Sie solche Fälle aus Ihrem Bekanntenkreis.

Wenn Sie Ihrer Konkurrenz nur Schlechtes wünschen, so werden Sie bald feststellen, dass Sie in Ihrem eigenen Unternehmen Probleme bekommen. Bereits wenn Sie das Wort „Konkurrenz" nur in den Mund nehmen, zeigt das, dass Sie jemanden als Gegner fürchten. Eigentlich sollten Sie so gut sein, dass Sie gar keine Konkurrenten haben, sondern nur Mitbewerber.

Wir können unser Denken durch bewussteres Leben steuern.

Wer sich mit seinen Gedanken ständig in der Vergangenheit befindet, lebt nicht bewusst. Vergangenheit ist und bleibt Vergangenheit. Das Einzige, was wir aus der Vergangenheit verwenden können, sind unsere daraus gewonnenen Erkenntnisse, welche wir tagtäglich positiv anwenden können.

Wer mit seinen Gedanken oftmals in der Zukunft verweilt, der lebt auch nicht bewusst. Sie wissen doch gar nicht, ob Sie morgen noch leben. Warum also sich unnötige Sorgen machen? Lassen Sie Ihre Zukunftsangst los und konzentrieren Sie sich auf das Heute. Sie wissen ja gar nicht, was Sie in der Zukunft erwartet. Ereignisse wie z. B. der Terroranschlag auf das World Trade Center können die Zukunft binnen einer Sekunde verändern. Niemand weiß, was die Zukunft bringt, also können wir sie getrost vergessen.

Sie werden ab sofort weniger Zukunftsangst haben, wenn Sie sich mehr auf die Gegenwart konzentrieren.

Meistens ist man mit seinen Gedanken ganz woanders als mit seinem Körper. Manche sitzen am Schreibtisch und träumen davon, wie schön es doch in einem Liegestuhl unter Palmen mit einem Cocktail in der Hand wäre. Drei Monate später befinden sie sich im Urlaub in einem Liegestuhl unter

Palmen mit einem Cocktail in der Hand und überlegen, was wohl der Kollege in der Firma gerade so treibt.

Wer sich morgens die Zähne putzt und dabei überlegt, was er am Abend noch alles unternehmen könnte, der lebt ebenfalls nicht bewusst.

Was können wir tun, um bewusster zu leben?

Der erste Schritt ist, sich auf den heutigen Tag zu konzentrieren und diesen bewusst zu erleben. Was gestern war, können wir nicht mehr ändern und was morgen ist, weiß sowieso keiner.

Heute ist deshalb der beste Tag in unserem Leben.

Mutter Theresa antwortete auf die Frage: „Denken Sie an die Zukunft?“ sinngemäß: „Nein, ich lebe nur heute. Gestern ist vergangen, Morgen ist noch nicht da. Wir haben nur das Heute zum Leben und Lieben."

Unsere Gegenwart trägt die Zukunft in sich.

Es ist erstaunlich, wie viele Menschen der Gegenwart, sprich dem heutigen Tage, gerne ausweichen. Sie blicken wehmütig auf die gute alte Zeit zurück, wo alles angeblich so viel besser war. Wenn sie gerade mal nicht in der Vergangenheit verharren, dann denken sie an die Zukunft: „Wer weiß, was da noch alles auf uns zukommen wird.“ Am Tonfall kann man erkennen, dass sie häufig nichts Gutes dabei erwarten.

Wer in der Vergangenheit oder in der Zukunft lebt, der lebt nicht bewusst im Heute, Hier und Jetzt.

Ich fahre z. B. lieber mit einem Cabrio von München nach Hamburg als mit einem Pferdefuhrwerk, wie es in der angeblich so guten alten Zeit üblich war. Ein bescheidenes WC ist mir allemal lieber als ein Plumpsklo in einem königlichen Palast vor einigen hundert Jahren. Außerdem esse ich lieber mit Messer und Gabel als mit den Händen, so wie früher üblich. Eine warme Wohnung ist mir im Winter tausendmal lieber als eine feuchte Höhle mit Fledermäusen. Ich finde es auch angenehmer, Nahrungsmittel zu kaufen, statt selbst zu sammeln oder auf die Jagd zu gehen. Flugreisen, um andere Länder und Kulturen kennen zu lernen, sind ebenfalls nicht zu verachten.

„HEUTE“
ist für uns die gute alte Zeit,
von der wir in 10, 20 oder 50 Jahren
sprechen werden.

Sollte die Zeit früher tatsächlich besser gewesen sein, oder die Zukunft, vielleicht in hundert Jahren, besser sein, so bringt uns dies momentan nicht den kleinsten Schritt weiter. Ob uns das angenehm ist oder nicht, wir haben nur diese einzige Möglichkeit, heute, hier und jetzt zu leben. Wer nicht im Heute, Hier und Jetzt lebt, der hat noch gar nicht erfahren, was leben eigentlich heißt.

Viele Menschen denken sich noch einen Schritt weiter in die Zukunft und interessieren sich für das Leben nach dem Tode. Wenn es nach dem Tode tatsächlich weitergeht - was ich glaube -, so werden sich diese Seelen dann vermutlich sehr schnell für das Leben vor dem Tode interessieren.

Der Schöpfer hat uns das Leben geschenkt, damit wir es JETZT leben.

Ist es denn wirklich so schwer zu verstehen, dass wir nicht gestern oder morgen, sondern nur heute, hier und jetzt den gegenwärtigen Augenblick bewusst erleben können?

Viele Menschen mit Problemen **warten** immer nur, dass sich endlich etwas in ihrem Leben ändert. Wer wartet, lebt nicht bewusst; dabei könnte er heute anfangen, an seiner Situation etwas zu verändern. Wer z. B. krank ist, kann heute anfangen, gesünder zu leben. Wer finanzielle Probleme hat, kann heute etwas tun, um seine Situation zu verbessern. Wer arbeitslos ist, kann heute etwas dagegen unternehmen. Er kann z. B. heute damit anfangen, sich weiterzubilden, damit seine Chancen steigen, einen neuen Arbeitsplatz zu finden.

Viele werden das schon wieder anders sehen. Sie wissen doch, Sie haben auf alle Fälle Recht. Was immer Sie glauben, Sie werden immer Recht haben; schließlich sehen Sie es doch aus Ihrer Sicht, von Ihrem Standpunkt aus, aufgrund Ihrer Lebenserfahrung. Die Frage ist doch nur:

Wollen Sie glücklich sein oder wollen Sie unbedingt Recht haben?

Sie können aber auch als angehender Traumchef oder Traummitarbeiter ab sofort bewusster denken, indem Sie

Ihre Aufmerksamkeit am heutigen Tag einfach in neue Bahnen lenken. Sich auf den heutigen Tag zu konzentrieren, ist nur der Einstieg in ein bewussteres Leben, jedoch für den Anfang schon ganz gut.

Wenn Sie sich aber perfektionieren wollen, dann konzentrieren Sie sich auf die jetzige Sekunde.

Viele werden das für unmöglich halten, obwohl es jeder schon erlebt hat. Wie oft haben Sie schon in Ihrem Leben den **ersten** Schluck Bier oder Wein ganz bewusst genossen? Sie haben dabei die ganze Umwelt vergessen und sich nur noch auf diesen einen Schluck konzentriert. Es rann Ihnen wie Öl die Kehle hinunter. Sie sehen also, es gibt in unserem Leben durchaus Situationen, in denen wir exakt auf die Sekunde im Heute, Hier und Jetzt leben. Anschließend unterhielten Sie sich mit Freunden und stellten plötzlich fest, dass das Glas leer war. Sie hatten nämlich während der Unterhaltung unbewusst weitergetrunken.

Stellen Sie sich doch bitte folgende Situation vor:
Ein Tennisprofi hat in Wimbledon die ersten beiden Sätze verloren. Im dritten Satz ist er bereits mit 0:3 Spielen im Rückstand. Wenn er nun meint, er brauche jetzt nur zu denken, er werde das Spiel schon noch gewinnen, so hat er wenig Chancen. Er denkt zwar positiv, aber er glaubt nicht wirklich an den Sieg. Was haben wir vorher festgestellt? Wir können noch so positiv denken, es wird uns wenig helfen, solange wir nicht wirklich daran glauben. Wie müsste dieser Tennisspieler effektiv vorgehen, um eine allerletzte Chance zu haben? Seine einzige Chance wäre, den derzeitigen

Spielstand zu akzeptieren. Damit lässt er die Vergangenheit los. Jetzt gilt es, im Hier und Jetzt zu leben und seine Aufmerksamkeit einzig auf den aktuellen Ballwechsel zu richten. Jetzt wird er auch daran glauben können, dass er den nächsten Punkt macht. Noch einmal: Er wird nicht glauben, dass er das Spiel noch gewinnt, aber er kann glauben, dass er den nächsten Punkt macht. Wenn dieser Ballwechsel abgeschlossen ist - ganz gleich, wer den Punkt gemacht hat -, so kann er wieder mit der gleichen geistigen Einstellung weiterspielen. Er hat jetzt einen enormen Vorteil. Sein Gegner lebt vielleicht nicht im Heute, Hier und Jetzt, sondern in der Zukunft und meint, dieses Spiel schon gewonnen zu haben. Diese Meinung hatten schon viele Gegner von Boris Becker und haben doch noch verloren.

Gedanken sind reine Energie.

Je stärker und konkreter sie sind, desto mehr aktivieren sie unser Unterbewusstsein.

Wem es gelingt, sich auf den Augenblick zu konzentrieren, der bündelt seine Gedanken wie einen Laserstrahl.

Leben im Heute, Hier und Jetzt ist das Einfachste auf der Welt, aber gerade weil es so einfach ist, fällt es vielen Menschen so schwer. Manchen fällt es leichter, wenn sie besonders viele oder große Probleme haben. Denn nur durch die Konzentration auf das Heute, Hier und Jetzt gelingt es ihnen, für eine gewisse Zeit Abstand von ihren Sorgen und Nöten zu gewinnen.

Nur die bewusste Wahrnehmung des jetzigen Augenblicks verhindert, dass wir uns gedanklich ständig mit unseren Problemen beschäftigen.

Je mehr Sekunden Sie es schaffen, im gegenwärtigen Augenblick zu leben, desto mehr Glücksmomente werden Sie sammeln. Je mehr Sie vom Leben haben wollen, umso mehr sollten Sie im gegenwärtigen Augenblick leben. Sie haben eine unerschöpfliche Energiequelle in Ihrem Innern und diese können Sie jederzeit anzapfen. Sie brauchen nur möglichst bewusst von einer Sekunde auf die andere zu leben.

Nur in den Sekunden, in denen wir bewusst leben, sind wir mit Körper, Geist und Seele in vollem Einklang.

Ich bitte Sie, alle Aussagen in diesem Buch sehr kritisch zu prüfen. Sie müssen nicht alles annehmen, was Sie hier lesen. Schließlich sehe ich alles ja auch nur aus meiner Sicht, auf der Basis meiner Lebenserfahrung, und die ist sicher eine andere als die Ihre.

**Ich empfehle Ihnen jedoch,
das, was Sie nicht annehmen können,
zumindest einmal auszuprobieren.**

Versuchen Sie es im Zweifelsfalle selbst und bilden Sie sich Ihr eigenes Urteil. Vielleicht gewinnen Sie dadurch die gleiche Sichtweise wie ich. Ich finde, es gibt nichts Angenehmeres, als bewusst im Heute, Hier und Jetzt zu leben. Ich halte es aber auch nicht für ausgeschlossen, dass Sie dabei zu einer völlig anderen Sichtweise oder Erkenntnis kommen.

Ich habe absichtlich ein Beispiel aus dem Sport, in diesem Fall Tennis, gewählt, denn der Sport bietet die ideale Möglichkeit, neue Erkenntnisse sofort auszuprobieren.

Jetzt ein Beispiel aus dem beruflichen Bereich:
Sie können noch so positiv denken, dass der Umsatz in Ihrer Firma steigen wird. Es wird Ihnen wenig helfen, solange Sie es nicht glauben. Wie kommen wir gleich wieder zu diesem Glauben? Indem wir uns auf den heutigen Tag konzentrieren oder - noch besser - uns im Hier und Jetzt auf den gegenwärtigen Augenblick fokussieren. Jetzt sofort können Sie etwas unternehmen, um Ihren Umsatz zu steigern. Sie können augenblicklich einen Kunden anrufen und versuchen, ihm etwas zu verkaufen oder ihn fragen, was Sie tun müssten, um einen Auftrag zu erhalten. Sie können unverzüglich eine Besprechung vorbereiten, in der Sie Ihren Mitarbeitern erklären, dass Sie ab sofort eine Traumfirma sein wollen und dazu Traummitarbeiter benötigen. Aus meiner Sicht gesehen, empfehle ich Ihnen, geben Sie in diesem Falle Ihren Mitarbeitern dieses Buch zu lesen. Aus Ihrer Sicht gesehen, haben Sie vielleicht eine bessere Idee oder buchen gleich ein Seminar. Sie können jetzt - im gegenwärtigen Augenblick - überlegen, wie Sie Ihr Produkt verbessern könnten. Sie müssen dazu nicht die Konkurrenz beobachten, um etwas abzukupfern. Wenn Sie bewusst im Heute, Hier und Jetzt leben, haben Sie die besten Voraussetzungen, geniale, kreative und innovative Ideen zu produzieren.

Alle Genies hatten ihre begnadeten Ideen stets im Hier und Jetzt.

Der Samen, im gegenwärtigen Augenblick bewusst zu leben, wird immer aufgehen.

Wir säen praktisch ununterbrochen - bewusst oder unbewusst - jede Sekunde durch unser Denken, Fühlen und Handeln.

Herzlichen Glückwunsch zum bewussten Säen und zum bewussten Ernten!

Meine persönlichen Notizen zu Kapitel 6

7 Miteinander - Zusammen

Was hilft es uns, wenn wir der Meinung sind, wir wären bereits Traummitarbeiter, aber unsere Kollegen wären noch meilenweit davon entfernt? Wer derartige Gedanken hegt, dem fehlt noch ein sehr wichtiger Schritt zum Traummitarbeiter, nämlich die Erkenntnis, dass mit dieser Einstellung Trennung geschaffen wird statt Einheit.

**Alles ist EINS
und miteinander verbunden.**

Was haben Ihr Chef, Ihr Kollege, Ihre Unterhose und Ihre Schreibtischplatte gemeinsam?

Besteht Ihre Schreibtischplatte aus Holz, Kunststoff, Metall oder Glas? Völlig egal, welches Material es ist, sie besteht immer aus sehr, sehr vielen Atomen.

Die Unterhose, die Sie gerade tragen, besteht ebenfalls aus lauter Atomen. Auch Ihr Chef, Ihre Kollegen und natürlich auch Sie selbst, bestehen aus einer Vielzahl von unterschiedlichen Atomen.

Jede Materie besteht aus Atomen.

Atome bestehen aus einem Atomkern (Protonen und Neutronen) und den Elektronen, die diesen Kern umkreisen.

Betrachten wir ein dreiflügeliges Windrad. Wenn es stillsteht, sind die drei Flügel sichtbar. Wenn starker Wind aufkommt, so werden die Flügel aufgrund der schnellen Umdrehungen unsichtbar. Gerade die stärksten Kräfte der Natur sind unsichtbar, wie z. B. die Schwerkraft, die Elektrizität, die Hitze, der Schall oder die atomare Strahlung. Auch die stärksten Kräfte des Menschen sind unsichtbar. Denken Sie z. B. an Gedankenkraft, Glaube, Hoffnung und Liebe. Nehmen wir weiter an, die Flügel unseres Windrades würden sich in Lichtgeschwindigkeit drehen. Sie wären dann in jedem Augenblick an jeder Stelle. Wenn diese Flügel in jedem Augenblick an jeder Stelle wären, so würden wir eine feste Scheibe erblicken, die wir jederzeit anfassen könnten, ohne uns dabei zu verletzen. Auf demselben Prinzip beruht unsere Schreibtischplatte. Die Elektronen umkreisen die Atomkerne so schnell, dass sie für uns feste Materie ist, die wir anfassen können. Die Elektronen unserer Unterhose umkreisen ihre Atomkerne langsamer, deshalb ist diese nicht so hart wie unsere Schreibtischplatte.

Jedes einzelne Atom ist also reine Energie.

Somit ist Materie im Grunde genommen nichts anderes als reine Energie. Doch wer oder was veranlasst die Elektronen, konstant um den Atomkern zu kreisen?

Wissenschaftler sprechen diesbezüglich von einer geistigen Kraft, die der Ursprung des Lebens ist.

Gläubige Menschen bezeichnen diese Kraft als göttliche Kraft.

Wenn das gesamte Universum aus lauter Atomen besteht, so muss infolgedessen einfach ALLES miteinander verbunden, also EINS sein.

Somit wäre - zumindest theoretisch – erklärbar, warum Gott überall ist. Deswegen glauben viele Menschen, dass der Schöpfer und die Schöpfung eins sind. Egal, wie Sie darüber denken, entscheidend ist lediglich, dass alles miteinander verbunden ist, weil das gesamte Universum aus Atomen besteht und diese reine Energie sind. Nur aufgrund der Tatsache, dass absolut alles miteinander verbunden ist, ist es erklärbar, dass Pflanzen besonders gut gedeihen, wenn man mit ihnen spricht. Selbst Kühe geben mehr Milch, wenn man sie mit Musik berieselt. Wen wundert es da noch, dass es Mitarbeiter gibt, die besonders motiviert arbeiten, nur weil ihr Lieblingsfußballverein gewonnen hat und sie deshalb gerade gute Laune haben?

Absolut alles ist mit allem und jedem im gesamten Universum verbunden.

Selbst in einer kleinen Kastanie steckt die Information eines mächtigen Kastanienbaumes.

Sicher kennen Sie die berühmte Formel von Albert Einstein:

$$E = m c^2$$

Energie ist die Masse mal dem Quadrat der Lichtgeschwindigkeit.

Des Weiteren hat Albert Einstein festgestellt: „Energie ist eine Konstante", also eine feste Größenordnung. Energie kann nicht verloren gehen und nicht neu erzeugt werden. Sie kann lediglich umgewandelt werden. Die Umwandlung von Materie in Energie ist ein gängiges Ereignis in der Physik, wobei atomare Explosionen das spektakulärste Beispiel sind. Zwischenzeitlich ist amerikanischen Wissenschaftlern - unter der Federführung von Herrn Adrian Melissinos - bereits das Gegenteil gelungen, nämlich aus reinem Licht Materie-Teilchen zu erschaffen.

Wenn alles im Universum reine Energie ist, dann müssen logischerweise auch Gedanken Energie sein.

Energie verwandelt sich jedoch in andere Formen, wobei nichts verloren geht. Folglich können auch Gedanken nicht verloren gehen.

Energie ist veränderbar.

Denken Sie an den Spruch: „Steter Tropfen höhlt den Stein." Leichte Materie kann also durchaus festere Materie verändern. Selbst Gedanken können Materie verändern. Mit jedem Gedanken beeinflussen wir das ganze Universum. Wenn wir uns diese Erkenntnis zu Nutze machen, so spüren wir, dass wir keine machtlosen Wesen sind, sondern selbst in der Lage sind, unser Leben entscheidend zu beeinflussen.

Jeder Gedanke, jedes Gefühl, alles was wir tun, ist mit dem gesamten Kosmos verbunden.

Die Fähigkeit, dass wir denken können, ist daher eine der größten Gaben unseres Schöpfers. Durch unsere Gedanken werden wir quasi zu seinen Mitschöpfern. Gedanken sind real. Obwohl wir sie nicht hören, sehen, schmecken oder fühlen können, tragen sie doch mehr zur Gestaltung unseres Lebens bei als alles, was wir anfassen können.

Die Gedanken im Heute, Hier und Jetzt bestimmen unser Leben von morgen.

Da alles miteinander verbunden ist, ziehen wir genau das an, was wir denken, fühlen, glauben oder womit wir uns beschäftigen. Probieren Sie es aus.

Interessieren Sie sich für ein neues Auto einer bestimmten Marke? Es wird nicht lange dauern und schon fällt Ihnen diesbezügliche Werbung auf. Sie sehen Autos dieser Marke urplötzlich öfter auf der Straße oder treffen einen Bekannten, der dieses Auto seit kurzer Zeit fährt. Kurzum, Sie ziehen diesen Autotyp an wie ein Magnet. Es ist die gleiche Gedankenenergie, ganz egal, ob wir jemanden hassen oder lieben; die Auswirkungen werden jedoch jeweils anders sein. Sie können Ihre ganze Energie darauf verwenden, um zu erfahren, wo man billiger einkaufen könnte. Sie können aber dieselbe Energie einsetzen, um zu erfahren, wie Sie (hoffentlich legal) an mehr Geld kommen könnten. Im zweiten Falle wird es Ihnen wahrscheinlich gleichgültig sein, wie hoch die Preise sind.

Sobald ein Skirennfahrer eine Abneigung gegen einen bestimmten Berg hat, akzeptiert er die Gemeinsamkeit nicht, die - über die Atome - zwischen ihm und dem Berg hergestellt ist. Dies könnte unter Umständen ungünstige Auswirkungen auf ihn haben. Die Gefahr, dass er beim Rennen stürzt, wird größer sein als die Wahrscheinlichkeit, dass er dieses Rennen gewinnen wird.

Worauf wir unsere Aufmerksamkeit lenken, das ziehen wir an wie ein Magnet.

Wenn Sie also glauben, Sie sind schon ein Traummitarbeiter, aber die anderen noch nicht, so werden Sie weiterhin keinen Traumchef und keine Traumkollegen anziehen.

Alles ist nur ein Spiegelbild unserer eigenen Gedanken.

Verstehen Sie jetzt, warum ich am Anfang dieses Buches geschrieben habe, dass jeder Mitarbeiter genau den Chef hat, den er verdient und umgekehrt? Wer bereit ist, sich selbst zu ändern, wird bald einen Chef oder einen Mitarbeiter haben, der wiederum sein Spiegelbild ist. Das heißt nicht unbedingt, dass Sie dann einen anderen Chef oder Mitarbeiter haben. Vielleicht ist es Ihnen gelungen, mit Ihrer Veränderung auch Ihren Chef bzw. Ihre Mitarbeiter zu verändern.

Nehmen wir zum Beispiel an, Sie haben heute die Entscheidung getroffen, absolut friedvoll zu sein und auf keinen Fall mit einem Ihrer Arbeitskollegen zu streiten. Wie groß, glauben Sie, ist die Wahrscheinlichkeit, dass Ihre Arbeitskollegen heute mit Ihnen streiten? Kein Mensch auf der Welt kann mit Ihnen streiten, wenn Sie es nicht zulassen. Einzig Sie allein bestimmen, ob Sie streiten wollen oder nicht. (Ich gebe gerne zu, dass es in der Theorie einfacher ist als in der Praxis.) Wenn Sie am heutigen Tag nicht für Streit anfällig sind, so könnte im günstigsten Falle auch Ihr Arbeitskollege friedlich gestimmt werden. Es könnte aber auch durchaus sein, dass sich Ihr streitbarer Kollege einen anderen Streithansel sucht und wahrscheinlich schnell einen Gleichgesinnten finden wird.

Wer sich selbst verändert, verändert die Welt.

Viele Menschen wollen lieber die anderen verändern als sich selbst. Sie glauben vermutlich, dass dies leichter wäre. Es soll sogar Ehepartner geben, die seit Jahrzehnten vergeblich versuchen, sich gegenseitig zu ändern. Dieser unsinnige Versuch ist die schwierigste Aufgabe, die man sich stellen kann. Wer unbedingt andere Menschen verändern will, sollte zumindest den ökonomischeren Weg wählen, und der wäre, sich selbst zu verändern.

Glauben Sie daran, dass auch Ihr Chef ein Traumchef und Ihre Kollegen Traummitarbeiter sind!

Es liegt an Ihnen, ob Sie Ihre Energie darauf verschwenden, zu suchen, was an Ihrem Chef oder Ihren Kollegen alles negativ ist. Mit dieser Einstellung werden Sie wie ein Magnet immer noch mehr Negatives anziehen. Besser wäre, darüber nachzudenken, was an Ihrem Chef und an Ihren Kollegen alles positiv ist. Damit ziehen Sie die guten Eigenschaften an und werden somit mehr Gemeinsamkeiten feststellen. Wenn schon das gesamte Universum miteinander verbunden ist, so sollten wir diese Erkenntnis als Traumchef oder Traummitarbeiter entsprechend nutzen. Was können wir tun, wenn z. B. unser Chef oder Kollegen, Kunden usw. vermeintlich nicht bereit sind, mit uns zusammenzuarbeiten? Wir wissen bereits, dass mangelnde Bereitschaft zur Zusammenarbeit vermutlich auf unterschiedliche Ansichten der betreffenden Personen zurückzuführen ist.

Ein Raucher und ein Nichtraucher sitzen gemeinsam in einem Büro. Es ist sehr nahe liegend, dass beide völlig unterschiedliche Ansichten über das Rauchen haben. Diese gegenteiligen Sichtweisen führen selten zu einer Einheit, sondern meistens zu einer Trennung.

Da das Universum Einheit ist,
schafft eine Trennung immer Konflikte.

Welche Hilfsmittel könnten wir einsetzen, um trotzdem eine sinnvolle Zusammenarbeit zu fördern?

Eine gute Methode wäre, sich gedanklich
in die Lage des anderen zu versetzen.

Wir sollten uns bemühen, es einmal aus der Sicht des anderen zu sehen, also für eine Weile seinen Standpunkt einzunehmen. Ein Nichtraucher könnte also versuchen, sich in die Lage eines süchtigen Rauchers zu versetzen. Vielleicht fällt ihm dabei ein, dass er selbst ja auch eine Sucht hat, womöglich ist er süchtig nach Süßigkeiten etc. Fast jeder Mensch hat irgendwelche Suchtgewohnheiten, selbst wenn es so etwas Banales ist wie z. B. Fingernägel kauen. Mit dieser Erkenntnis fällt es einem Nichtraucher leichter, zu akzeptieren, dass andere Menschen nach anderen Dingen süchtig sind. Der Raucher wiederum versucht, es einmal vom Standpunkt eines überzeugten Nichtrauchers aus zu sehen. Vielleicht gelingt es ihm, sich vorzustellen, dass der Nichtraucher möglicherweise großen Wert auf seine Gesundheit legt. Unter Umständen kommt er sogar zu der Ansicht, dass ein Nichtraucher nichts gegen Raucher hat, solange diese seine Gesundheit nicht beeinträchtigen. Im günstigsten Falle werden sich diese beiden irgendwie arrangieren. Wer bemüht ist, sich in die Lage des anderen zu versetzen, der zeigt damit Kooperationsbereitschaft, also den Willen, eine einvernehmliche Lösung zu finden.

Sollte die vorgeschlagene Methode zu keinem zufrieden stellenden Ergebnis führen, so bleibt eine letzte Chance, wenn es den Beteiligten gelingt, einen gemeinsamen Standpunkt ausfindig zu machen. So können es alle aus der gleichen Sicht sehen.

Einen gleichen Standpunkt zu suchen und zu finden, führt uns immer zusammen.

Ein gemeinsamer Standpunkt für den Raucher-Konflikt könnte z. B. sein: Frieden haben, also friedvoll sein und harmonisch miteinander auskommen, auf keinen Fall einen Streit anfangen (und damit unnötig seine Nerven strapazieren). Erfreulicherweise können wir zur Raucherproblematik feststellen, dass sich ja bereits sehr viele Raucher und Nichtraucher arrangiert haben. Nichtraucher akzeptieren Raucher. Raucher akzeptieren Nichtraucher und rauchen nicht in Gegenwart von Nichtrauchern, sondern suchen sich dafür einen geeigneten Ort.

Gemeinsamer Standpunkt: Firmenphilosophie

Sobald eine Firmenphilosophie vorhanden ist, hat jeder Chef und jeder Mitarbeiter die Möglichkeit, sich anhand dieser zu orientieren. Eine Firmenphilosophie kann der gemeinsame Standpunkt für alle Beteiligten sein. Alle Chefs und Mitarbeiter können sich danach ausrichten. Bevor man neue Mitarbeiter einstellt, sollte man ihnen die Firmenphilosophie vorlegen und sie fragen, ob sie sich damit identifizieren könnten. Weisen Sie Ihre Bewerber darauf hin, dass sie, falls sie leichtfertig ja sagen, sehr bald große Probleme haben werden, wenn sie sich nicht daran halten. Interessanterweise gibt es Firmen, die zwar durchaus eine eigene Firmenphilosophie haben, jedoch viele Mitarbeiter und Kunden diese keineswegs kennen. Häufig wissen die Mitarbeiter überhaupt nicht, was der Chef so alles von ihnen erwartet. Deshalb stellen viele einfach Vermutungen an und interpretieren jede Situation beliebig.

Diverse Firmen werden schon wissen, warum sie ihre Firmenphilosophie niemandem kundtun. Vermutlich wird da nicht viel Einheit, sondern eher mehr Trennung vorhanden sein. Eine Firma mit der Philosophie „Nur der Gewinn zählt und sonst nichts“, wird sich hüten, ihre Philosophie anderen zu offenbaren. Hier gibt es zu wenig Gemeinsamkeiten, hier liegt infolgedessen zu viel Trennung vor. Konflikte werden nicht vermeidbar sein. Diese Firmen werden maximal nur kurz- bzw. mittelfristig Erfolg haben.

Unser Interesse gilt jedoch den Traumfirmen. Traumfirmen haben eine Firmenphilosophie, die Mitarbeiter und Kunden mit einbezieht. Somit können sich alle Beteiligten an dieser Firmenphilosophie orientieren und wissen sofort, was sie erwarten bzw. nicht erwarten können.

Die Firmenphilosophie einer Traumfirma könnte z. B. folgendermaßen lauten:

Firmenphilosophie einer Traumfirma

1. Wir betrachten unsere Firma, Mitarbeiter und Kunden als Partner und nicht als Gegner.

2. Wir finden es rechtmäßig, Gewinne erzielen zu wollen.

3. Wir sind uns bewusst, dass uns dies nur mit zufriedenen und begeisterten Kunden gelingen wird und streben eine langfristige und vertrauensvolle Zusammenarbeit an.

4. Wir respektieren unsere Mitarbeiter und unsere Kunden, denn sie sind unser wertvollstes Kapital.

5. Wir werden alles Machbare unternehmen, damit unsere Mitarbeiter sich bei uns wohl fühlen und somit die nötige Motivation haben, für unsere Kunden das Beste zu geben.

6. Unsere Mitarbeiter achten und schätzen unsere Kunden, denn sie wissen, dass auch ihr Erfolg von zufriedenen und begeisterten Kunden abhängig ist. Sie sind sich klar darüber, dass alles ein gegenseitiges Geben und Nehmen ist.

7. Deshalb erwarten wir von unseren zufriedenen und begeisterten Kunden, dass diese rechtzeitig und pünktlich ihren Zahlungsverpflichtungen nachkommen.

8. Wir bekennen uns zu unserer Verantwortung für die Umwelt und werden uns bemühen, weder Mensch noch Tier unnötiges Leid zuzufügen.

9. Wir stehen für Ehrlichkeit und Gerechtigkeit ein.

10. Jede Beanstandung betrachten wir als eine Anregung für eine Verbesserung. Wir wandeln Reklamationen in Reklame (Werbung) für unser Unternehmen um.

11. Sollten uns Fehler passieren, so sind wir bereit, aus unseren Fehlern zu lernen. Falls der gleiche Fehler ein zweites Mal auftritt, werden wir eine Krisensitzung anberaumen und erst auseinander gehen, wenn wir eine zufrieden stellende Lösung gefunden haben.

12. Wir beachten die „Goldene Regel“ und werden alle Beteiligten, egal, ob Kunde, Mitarbeiter oder Lieferant, so behandeln, wie wir selbst von ihnen behandelt werden wollen.

13. Wir glauben an ein friedvolles Miteinander zwischen Firma, Mitarbeitern, Kunden sowie Lieferanten und respektieren auch diejenigen, die nicht unsere Kunden sind.

Diese Firmenphilosophie soll ein Vorschlag sein. Es würde mich freuen, wenn Sie dadurch einige Anregungen bekommen haben. Erarbeiten Sie jedoch möglichst eine individuelle Firmenphilosophie und geben Sie Ihren Mitarbeitern und Kunden die Möglichkeit, diese auch einzusehen. Wenn Sie Chef oder Mitarbeiter sind, Ihre Firma jedoch noch keine Firmenphilosophie hat, so entwerfen Sie doch eine und bringen diese als Vorschlag in Ihr Unternehmen ein. Wie bereits erwähnt, können sich alle Mitarbeiter anhand einer Firmenphilosophie orientieren. Diese Ausrichtung wird in den meisten Fällen für ein Miteinander-Arbeiten sehr förderlich sein. Es zeugt von einer guten Managementleistung, wenn es einem Traummanager gelingt, Mitarbeiter für eine gemeinsame Sache zu begeistern, egal, ob mit oder ohne Firmenphilosophie. Der Erfolg wird sich zeigen, sobald es einer Firma gelingt, zusammen mit allen Mitarbeitern auf ein gemeinsames Ziel oder eine Vision hinzuarbeiten. Sehr vorteilhaft ist es dabei, wenn alle Beteiligten ihre angeborenen Talente und spezifischen Fähigkeiten erkennen und konstruktiv einbringen, denn jeder Mitarbeiter kann irgendetwas besser als alle anderen. Diese gebündelte Energie ist es, die zu außergewöhnlichen Erfolgen führen wird. Je besser die Mitarbeiter einer Firma zusammenarbeiten, desto mehr potenziert sich die Firmenenergie, was zu ungeahnten Erfolgen führt. In der Wirtschaftsterminologie werden dafür gerne die Wörter „Synergie“ oder „Synergieeffekte“ verwendet. Ich werde in diesem Buch jedoch weiter die Wörter „Miteinander“ und „Zusammen“ verwenden, da sie mir einfacher erscheinen.

Miteinander arbeiten und zusammenarbeiten heißt nicht, dass alle Mitarbeiter die gleiche Meinung haben müssen - im Gegenteil. Durch gegensätzliche Meinungen und Ansichten kann man evtl. auf ganz neue Erkenntnisse stoßen. Wichtig ist nur, dass man seine Energie für eine gemeinsame Sache einbringt.

Schließlich heißt es Mitarbeiter und nicht Gegenarbeiter.

Doch wie sieht es in vielen Firmen aus?
Der ungünstigste Fall tritt ein, wenn Mitarbeiter gegeneinander arbeiten statt miteinander, also gegen die Kollegen, gegen andere Abteilungen, gegen andere Filialen, gegen den Chef, gegen die Kunden, gegen die Firma. Wer nicht miteinander, sondern gegeneinander arbeitet, der ist schon mitten im Mobbing. Wenn man berücksichtigt, wie viele Mitarbeiter leider ihren Arbeitgeber bestehlen, so kann man sich vorstellen, wie hoch der Anteil derjenigen ist, die dagegen arbeiten.

Was werden diese „Gegenarbeiter“ wohl noch alles ernten, wenn sie solchen Samen säen?

Miteinander statt nebeneinander!

Der häufigste Fall ist in vielen Firmen, dass Mitarbeiter nicht gegeneinander, sondern mangels besseren Wissens - und durchaus ohne böse Absicht - **nebeneinander** arbeiten. Vom Azubi bis zum Sachbearbeiter versuchen alle, es der Firma recht zu machen. Sie befolgen die Vorschriften und bemühen sich, keine Fehler zu fabrizieren. Alle achten darauf, dass der firmeninterne Ablauf funktioniert. Klingelt jedoch zwei Schreibtische weiter das Telefon - es könnte vielleicht ein Kunde sein -, so kommen sie gar nicht auf die Idee, den Hörer abzunehmen, wenn der Kollege z. B. gerade in einer Besprechung ist. Schließlich sind sie dafür nicht zuständig, sondern der Kollege.

Das kommt mir vor wie bei einem Fußballspiel, bei dem ein Spieler den Ball verliert und keiner seiner Mitspieler bereit ist, dafür in die Bresche zu springen, um diesen Fehler wieder gutzumachen. Bekanntlich sagt man von solch einer Mannschaft, ihr fehle der **Teamgeist** bzw. die Bereitschaft, auch einmal für den anderen einzustehen. In der Regel sind solche Mannschaften nicht gerade mit überwältigendem Erfolg gesegnet.

Genauso sehe ich es bei unserer Situation, in der zwei Schreibtische weiter das Telefon klingelt, aber niemand abnimmt, obwohl der Schreibtisch gerade nicht besetzt ist. Auch hier fehlt der Teamgeist, die Bereitschaft, für den anderen einzuspringen.

Natürlich kenne ich die Reaktionen von Mitarbeitern, denen ich dieses Beispiel erzählt habe. Da kommen dann Antworten wie: „Das geht bei mir gar nicht; ich habe so viel Arbeit, dass ich mit meiner eigenen kaum fertig werde. Wie soll ich mich da auch noch um das Telefon meines Kollegen kümmern?“ oder „Ich bin im Verkauf tätig und arbeite auf Provision. Das wäre ja noch schöner, wenn ich am Telefon einen Auftrag für meinen Kollegen annehmen soll und der dann die Provision einstreicht.“ Wer weiß, vielleicht bekommen beide bald keine Provision mehr, wenn sie weiterhin gegeneinander statt miteinander arbeiten!

Wieder zurück zum Fußball: „Mein Mitspieler hat doch den Ball verloren und ich soll den Fehlpass wieder ausbügeln. Das fällt mir doch nicht im Traum ein. Ich muss schließlich zusehen, dass ich selbst keinen Fehler mache, damit **ich** zumindest eine gute Kritik von den Zuschauern und den Medien bekomme." Am Ende verlieren sie das Spiel und keiner bekommt eine Prämie.

Jeder Kollege bzw. jede Abteilung versucht, für sich das Beste zu tun, auch wenn dies vielleicht unangenehme Folgen für andere Kollegen oder Abteilungen hat. Hauptsache, bei einem selbst oder in der eigenen Abteilung läuft alles rund. Wenn andere Abteilungen oder Kollegen dadurch Schwierigkeiten haben, so ist dies deren Problem. Da versucht z. B. die Werbeabteilung, schöne Prospekte herzustellen. Anschließend tobt die Verkaufsabteilung, weil keine gemeinsame Abstimmung erfolgte.

Zum besseren Verständnis noch ein Beispiel, das tatsächlich in einer namhaften deutschen Firma passiert ist:
In einem Seminar zum Thema „Effizientes Arbeiten“ machten Kundendienstmitarbeiter den Vorschlag, einen bestimmten Kopierer der Firma XY nicht mehr zu verkaufen, weil sie mit diesem Typ nur Schwierigkeiten hätten. Daraufhin meinten

die Mitarbeiter aus der Verkaufsabteilung: „Gut, dass wir jetzt wissen, dass dieser Kopierer sehr reparaturanfällig ist. Bis heute hat uns das noch keiner gesagt.“ Ich denke, dem muss nichts mehr hinzugefügt werden. Ein klassisches Beispiel für Nebeneinander-Arbeiten! Leider ist dies in vielen Firmen der Normalfall. Bezeichnenderweise heißt das Wort „Abteilung“ abteilen bzw. abschotten, sowohl hierarchisch als auch funktional.

Dieses **nur** Abteilungsdenken führt u. a. zu Unflexibilität. Hat ein Kunde Sonderwünsche oder Reklamationen, so scheitert er oft an diversen Abteilungsgrenzen. Dem Kunden geht es dann wie dem allseits bekannten Buchbinder Wanninger (Karl Valentin), der von einer Abteilung zur anderen weitergereicht wurde, bis er wieder am Ausgangspunkt war. So mancher Kunde wurde schon in der Realität an dieses Beispiel erinnert. Sicher kennen Sie ähnliche Situationen, obwohl ja vielen Mitarbeitern das Nebeneinander-Arbeiten in der eigenen Firma sehr selten auffällt. Wenn Ihnen gerade kein Beispiel dazu einfällt, dann denken Sie einmal an einige Ihrer Lieferanten. Bei anderen fällt einem das immer viel schneller auf!

Um das Nebeneinander-Arbeiten zu verringern, haben einige Firmen versucht, ihre Abteilungen umzubenennen. Statt Abteilung Buchführung heißt es dann z. B. „Team Buchführung“, „Team Maiglöckchen“ oder „Team Gelb“. Man will mit der Bezeichnung „Team“ verdeutlichen, dass Teamarbeit im Vordergrund stehen soll.

Solange es in einer Firma separate Teams gibt, die nicht mit allen anderen zusammenarbeiten, wird wieder nur das Nebeneinander-Arbeiten gefördert.

Den Teamansatz betrachte ich als optimal, aber nur, wenn der Teamgedanke für die **komplette** Firma und nicht nur für einzelne Segmente angewandt wird.

Nur wenn die **ganze Firma ein Gesamt-Team** - mit allen Abteilungen und Gruppierungen - ist, also eine verschworene, intakte Gemeinschaft, in der jeder mit jedem zusammenarbeitet, dann spreche ich von einer Traumfirma.

Wer ein Gefühl für ein Gesamt-Team bekommen möchte, dem empfehle ich, sich einmal intensiv mit dem Autorennsport „Formel 1" zu beschäftigen. Hier werden Sie sehr schnell feststellen, dass sich nicht nur der Formel-1-Fahrer, sondern jeder Mitarbeiter - vom Hilfsarbeiter bis zum Teamchef - zu 100 Prozent für den Gesamterfolg seines Teams einsetzt.

**Ein Team ist so stark, wie alle einig
und so schwach, wie alle gespalten sind.**

Je besser ein Team zusammenarbeitet, desto größer die Chance, dass ALLE voneinander lernen können. Dadurch ist jeder Lehrer und Schüler zugleich.

Manche Firmen demonstrieren den Teamgedanken nach außen hin mit einer einheitlichen Berufskleidung.

Dieses Thema stößt leider bei vielen Mitarbeitern auf großen Widerstand. Ein Handwerker äußerte sich dazu folgendermaßen: „Wenn so etwas in meiner Firma eingeführt wird, dann werde ich sofort kündigen, weil ich mich für meine Firma schämen würde." Anscheinend ist dieser Mitarbeiter kein Traummitarbeiter und arbeitet deshalb nicht in einer Traumfirma, sondern in einer Firma, für die er sich schämen muss.

Trotzdem ist der Gedanke, sich mit einheitlicher Kleidung nach außen hin zu präsentieren, eine Überlegung wert.

Viele Unternehmen sprechen von Corporate Identity, also von einem einheitlichen Erscheinungsbild in der Öffentlichkeit. Jeder Jungunternehmer hat als Erstes eine Visitenkarte, meist mit einem Firmen-Logo darauf, um sich und seine Firma entsprechend zu präsentieren. Man achtet mit Sorgfalt darauf, dass auch das Brief- und Geschäftspapier mit den gleichen Schriftzügen, Farben und Logos versehen ist. Der nächste Stolz ist dann das Firmenauto, lackiert mit dem gleichen Design wie die Visitenkarte und das Geschäftspapier.

Wenn schon jeder Mitarbeiter eine lebende Visitenkarte seiner Firma ist, so ist es doch nahe liegend, dass man dies mit einem gemeinsamen Erscheinungsbild mit oder auf der Kleidung, einer Art Corporate Fashion, nach außen hin deutlich sichtbar macht.

Wenn eine Firma nicht weiß, woher sie das nötige Geld nehmen soll, so empfehle ich, es vom Werbebudget abzuzwacken. Ständig wird Geld für Werbung ausgegeben, um andere auf die eigene Firma, deren Produkte oder Dienstleistungen aufmerksam zu machen. Da wäre es doch nahe liegend, gleich die Arbeitskleidung der Mitarbeiter als Werbefläche zu nutzen.

Es muss ja nicht gleich eine Uniform sein wie z. B. bei Fluggesellschaften. Trotzdem sollte es zu denken geben, dass Weltfirmen wie z. B. McDonald`s penibel auf einheitliche Dienstkleidung achten.

Jede Firma sollte individuell entscheiden, was für sie passend und werbewirksam ist. Notfalls reicht ein gleiches T-Shirt, Hemd, Pulli, Kappe oder eine Krawatte mit dem Firmenlogo.

So mancher Bauherr würde es begrüßen, wenn er anhand einer einheitlichen, firmenbezogenen Berufskleidung sofort erkennen würde, bei welchem Handwerksbetrieb die betreffenden Mitarbeiter beschäftigt sind.

Natürlich werden nur Mitarbeiter, die stolz auf ihr Unternehmen sind, dafür zu begeistern sein. Das sollte jedem Chef zu denken geben!

Ganz gewiss kann man einen Zusammenhalt der Mitarbeiter nicht mit einem einheitlichen Auftreten nach außen hin erzwingen. Dazu gehört selbstverständlich mehr als wir bisher erfahren haben.

Die Bereitschaft zur Zusammenarbeit sollte bei den Chefs und Mitarbeitern bereits vorhanden sein. Wenn nicht, so geben Sie Ihren Kollegen dieses Buch zu lesen.

Bitte vergegenwärtigen Sie sich noch einmal, dass wir unser ganzes Leben lang - wie ein Magnet - ständig diejenigen Menschen anziehen werden, die uns die Gelegenheit geben, miteinander zu wachsen und zu reifen.

Jeder Mitarbeiter ist ein Individuum. Nur wenn sich alle gegenseitig achten und tolerant sind, kann man optimal zusammenarbeiten.

Also, Ihr Chef und Ihre Kollegen sind schon in Ordnung!

Sie müssen vielleicht nur noch den gemeinsamen Ausgangspunkt suchen und finden. Falls Sie trotz optimalen Willens zur Zusammenarbeit meinungsmäßig weit voneinander entfernt sein sollten, so ist die Wahrscheinlichkeit groß, dass die Lösung häufig in der goldenen Mitte zu finden ist.

Zum Schluss dieses Kapitels noch ein Wortspiel. „Zusammen" besteht aus den beiden Wörtern „ZU" und „SAMMEN". Das Wort „ZU" steht für „Miteinander" bzw. „Alles ist EINS." (Siehe Anfang dieses Kapitels.) Wenn wir jetzt vom restlichen Wort „SAMMEN" ein „M" weglassen, so bleibt das Wort „SAMEN" übrig. Somit werden wir wieder an den optimalen Samen erinnert, den wir säen sollten.

Das Wort „Zusammen" inkl. dem zweiten „M" könnte man quasi als **Supersam**(m)**en** betrachten.

Dieses Wortspiel dient nur dazu, sich diesen Supersam(m)en besser einprägen zu können.

Wenn alle bis jetzt empfohlenen Methoden immer noch nicht ausreichen für eine optimale Zusammenarbeit, so wird es höchste Zeit,

den Joker zu setzen!

In den nächsten beiden Kapiteln verrate ich Ihnen den Turbo-Dünger für alle Samenkörner.

Meine persönlichen Notizen zu Kapitel 7

8 Liebe deinen Nächsten...

Ich habe lange darüber nachgedacht, wie ich in einem Management- und Mitarbeiterbuch an das Thema

„Liebe deinen Nächsten wie dich selbst“

herangehen soll.

Die Gefahr ist dabei groß, dass man als Sektierer eingestuft wird. Bewusst wurde mir das erst, als ich mich nach einem Verlag für dieses Buch umgesehen habe. Von etlichen Wirtschafts-, Rechts-, Personal- und Managementverlagen musste ich mir anhören, dieses Buch wäre zu missionarisch bzw. zu esoterisch.

Den Religions- und Esoterikverlagen wiederum bin ich zu Business-orientiert eingestellt.

Dabei ist die Einstellung „Liebe deinen Nächsten wie dich selbst" die wirtschaftlichste aller Managementmethoden.

Scheinbar bin ich in eine Marktlücke gestoßen, wenn sich schon Verlage schwer tun, dieses Buch entsprechend einzuordnen. Diese leise Hoffnung bewog mich, den DANKE-Verlag ins Leben zu rufen.

Auch wenn Sie Ihren Nächsten **nicht** lieben wie sich selbst, können Sie durchaus sehr erfolgreich werden. Aber wie lange und mit welchem Aufwand?

Ich bewundere einige Menschen wegen ihrer Ausdauer, wenn ich bedenke, mit welchem ungeheuren Energieaufwand sie es zu ihrem (vielfach nur kurzfristigen) Erfolg gebracht haben. Ich gestehe, ich wäre viel zu bequem, um den dazu notwendigen Aufwand zu betreiben. Außerdem bin ich der Meinung, zu viel Stress ist ungesund. Selbstverständlich bejahe ich den Erfolg und freue mich über jeden Menschen, der etwas Großartiges geschaffen oder geleistet hat.

Ich bin äußerst ökonomisch veranlagt und versuche daher, mit möglichst wenig Widerstand (Masse) das Optimale zu erreichen. Jede Form von Kampf bedeutet unnötigen Widerstand und behindert den Energiefluss. Selbst, wenn wir einen Kampf gewinnen sollten, ist es nur eine Zeitfrage, bis ein Gegner auftaucht, der dann **uns** besiegt.

Hass, Wut, Zorn, Kritik, Vorurteile, Disharmonie, Feindschaften und ganz besonders unser Ego sind unnötige Masse und erfordern einen erheblichen Aufwand an zusätzlicher Energie.

„Liebe deinen Nächsten wie dich selbst" ist daher die SUPRALEITUNG, weil praktisch keine Masse mehr vorhanden ist.

Viele Manager sprechen von Effizienz (Wirtschaftlichkeit der aufgewendeten Mittel) und verstoßen aber gleichzeitig gegen die einfachsten ökonomischen Regeln.

Menschlichkeit und Liebe haben im Effizienz- und Erfolgs-Business in der heutigen Zeit keinen hohen Stellenwert. Würden diese Werte mehr vermittelt, so gäbe es bestimmt einige Lebensmittelskandale weniger.

„Liebe deinen Nächsten wie dich selbst" ist garantiert die effizienteste Managementmethode, die es gibt.
(Den Seinen gibt's der Herr im Schlaf.)

Somit müsste es doch für Chefs und Mitarbeiter das Natürlichste von der Welt sein, diese Regel möglichst häufig einzusetzen. In der Praxis sieht es jedoch ganz anders aus. Viele kämpfen gleichzeitig an mehreren Fronten. Das Fatale daran ist, dass sie sich dabei selbst schwächen. Sie verbrauchen dabei so viel Energie, dass für den ein oder anderen das Leben nur noch mit Alkohol oder anderen Drogen erträglich ist.

Sollten Sie anderer Meinung sein, weil Sie eine andere Sichtweise haben, so beantworten Sie sich bitte ehrlich die Frage:

„Haben Sie es im Berufsleben schon einmal ausprobiert, Ihren Nächsten zu lieben wie sich selbst?"

Wenn nicht, so wünsche ich Ihnen den Mut, es einmal zu versuchen. Im Zweifelsfall betrachten Sie es doch einfach als Spiel. Es ist ein Spiel, bei dem alle mitspielen können. Es gibt keine Altersgrenze und keiner muss dabei ein Risiko eingehen. **Jeder** wird gewinnen, nicht nur einer - ganz egal, ob er von Anfang an dabei ist oder ob er erst später einsteigt. Man braucht auch keine farbliche Unterscheidung, denn es gibt keine Gegner, die sich gegeneinander abgrenzen müssen. Und wo es keinen Gegner gibt, da gibt es auch keinen Verlierer. Jeder, der mitspielt, geht als Sieger vom Platz. Wann steigen Sie in dieses Spiel ein? Aber Achtung: „Jedes Spiel hat seine Regeln." Dieses Spiel hat nur eine einzige Regel und die lautet:

„SPIEL MIT."

Bringen Sie mehr Menschlichkeit und Liebe ins Berufsleben.

Durch die Bündelung der Energie eines jeden Mitarbeiters wird die Unternehmensenergie potenziert. Liebe ist die höchste Form der Energie. Dadurch nimmt die Intuitions- u. Visionskraft des Unternehmens zu, was wiederum zu mehr Erfolg und Wirtschaftlichkeit führt.

Ich erinnere mich an einen Seminarteilnehmer, der sich folgendermaßen äußerte: „Mit dem Wort **Liebe** kann ich überhaupt nichts anfangen. Das ist ein Fremdwort für mich." Sollte es Ihnen auch so ergehen - was ich nicht hoffe - so empfehle ich Ihnen, tauschen Sie das Wort „Liebe" gegen das Wort „Achten“ aus. Es heißt dann nicht mehr „Liebe deinen Nächsten wie dich selbst“, sondern

„Achte deinen Nächsten wie dich selbst.“

Vielleicht tun Sie sich damit etwas leichter.

Ein ganz schlauer Zeitgenosse erzählte, es wäre verhältnismäßig leicht, seine Nächsten zu lieben wie sich selbst, wenn es sich dabei nicht gerade um Leute handeln würde.

Wer gar nichts mit „Liebe deinen Nächsten wie dich selbst“ anfangen kann, hat immer noch die Möglichkeit, andere Menschen so zu behandeln, wie er gerne von ihnen behandelt werden möchte. Mit dieser geistigen Einstellung nähern wir uns bereits sehr stark der Nächstenliebe.

„Liebe deinen Nächsten wie dich selbst“ betrachte ich als den Turbo-Dünger für alle bisher ausgestreuten Samenkörner.

Liebe verbindet, vereint und führt immer zusammen.

Liebe ist die stärkste Kraft im Universum! Somit ist sie der Multiplikator für erfolgreiche **Zusammen**-Arbeit. Vielleicht ist Liebe sogar das Bindemittel, das die Atome zusammenhält.

Zum besseren Verständnis, damit es auch wirklich alle aus der gleichen Sicht sehen:

Ich meine in diesem Buch mit Liebe nicht körperliche und sexuelle Liebe, sondern Liebe auf geistiger und seelischer Ebene.

Ganz konkret ausgedrückt, meine ich die wahre, bedingungslose Liebe.

Darunter verstehe ich eine Liebe, die keine Bedingungen stellt, die nicht verurteilt, sondern die die nötige Toleranz besitzt, dass jeder Mensch aufgrund seiner bisherigen Lebenserfahrung eine andere Meinung oder Sichtweise hat.

Nur eine bedingungslose Liebe vereint.

Liebe, die Bedingungen stellt, schafft Egoisten.

- „Ich mag meinen Kollegen nicht mehr, weil er seit kurzem Raucher ist. Erst wenn er wieder Nichtraucher ist, dann mag ich ihn wieder.“ - „Gibt mir mein Chef eine vernünftige Gehaltserhöhung, dann mag ich ihn wieder.“ - „Ich mag nur die Kunden, die am meisten kaufen.“ - „Ich mag mein Kind erst wieder, wenn es seine Hausaufgaben gemacht hat.“

All diese Äußerungen sind Beispiele für eine bedingte Liebe, denn es werden ja Bedingungen gestellt. Diese Art von Liebe trennt, solange keine Übereinstimmung hergestellt wird. Bedingungslose Liebe jedoch vereint, deswegen sollten wir sie verinnerlichen, um mit unserem Chef und unseren Kollegen optimal auszukommen.

Wie gehen wir mit Liebe optimal um?

Am besten, wir probieren es in der Praxis gleich einmal aus.

Wen lieben Sie am meisten?

Notieren Sie bitte drei bis fünf Namen der Menschen, die Sie am meisten lieben.

Höchstwahrscheinlich haben Sie den wichtigsten Menschen, den Sie besonders lieben **sollten**, vergessen. (Wenn dem so ist, dann sind Sie in bester Gesellschaft. 90 Prozent meiner Seminarteilnehmer erging es jedenfalls so.)

Wer könnte das sein?

Die richtige Antwort ist:

„ICH“.

Die Aufgabe lautete doch: „Notieren Sie bitte drei bis fünf Namen der Menschen, die Sie am meisten lieben.“

Ist Ihr eigener Name mit dabei oder nicht?

Falls nicht, würde das doch bedeuten, dass Sie andere **mehr** lieben als sich selbst. Es soll tatsächlich Menschen geben, bei denen dies der Fall ist. Denken Sie z. B. an Mütter, die sich aus Nächstenliebe für ihre Familie geradezu aufopfern, sich selbst jedoch dabei so vernachlässigen, dass sie stressbedingt krank werden. Einige entwickeln dabei Symptome wie z. B. Migräne, Depressionen oder andere Krankheiten. Wo liegt da der Vorteil für die Nächsten? Es heißt doch: „Liebe deinen Nächsten **wie dich selbst**“ und nicht: „Liebe deinen Nächsten **mehr** als dich selbst.“

Natürlich behauptet jeder Mensch, sich selbst zu lieben. Zumindest habe ich noch niemanden getroffen, der das Gegenteil behauptet hätte.

Obwohl jeder meint, sich selbst zu lieben, hört man oft Äußerungen wie: „Ich bin wütend über mich selbst“ oder „Ich könnte mich hassen, weil ich dies oder jenes getan habe“ oder „Ich glaube, ich werde verrückt“ etc.

Wer sich jedoch selbst liebt, akzeptiert sich so wie er jetzt ist - mit all seinen Stärken und Schwächen.

Solange wir nicht in der Lage sind, uns selbst zu lieben, solange werden wir auch andere nicht bedingungslos lieben können. So einfach ist das.

Was meinen Sie, wie viele Menschen z. B. ihr Auto mehr lieben als sich selbst? Für das Auto kaufen sie das teuerste Motoröl - für sie selbst genügt das billigste Salatöl. Kaltgepresstes Öl, welches viel gesünder wäre, gönnen sie sich leider nicht.

Gastronomen können ein Lied davon singen, dass vielen Menschen ein Mittagessen nur noch maximal fünf Euro wert ist.

Ganz besonders bei der Ernährung können wir feststellen, dass viele Menschen sich selbst zu wenig lieben. Sie denken: „Das billigste Gemüse ist für mich gut genug. Biogemüse ist mir zu teuer. Ich bin nicht bereit, in meine Gesundheit zu investieren. Das Geld, das ich mir dadurch spare, gebe ich lieber für Neujahrsraketen aus. Da haben andere Leute auch etwas davon."

Natürlich sind diese Beispiele extrem. Aber es gibt so viele Mitbürger, die kaufen sich lieber Alufelgen für ihr Auto oder den letzten Modeschrei, bevor sie ein paar Cent mehr für ein Ei ausgeben.

Ich hoffe, Sie verstehen, was ich damit meine! Ein Mensch, der sich selbst liebt, wird sich auch nicht maßlos dem Alkohol verschreiben oder andere Drogen benötigen. Alkoholkranke und drogensüchtige Menschen brauchen besonders viel Liebe! Viele sind ja deswegen abhängig, weil sie sich selbst nicht mehr ausstehen können. Die Liebe fehlt bei diesen bedauernswerten Menschen an allen Ecken und Enden.

Wer sich selbst liebt, der wird doch nicht so dumm sein, sich selbst zu zerstören. Ein Astronaut zerstört schließlich seinen Raumfahreranzug auch nicht absichtlich. Es gibt Menschen, die nichts Besseres zu tun haben, als ihrem weltlichen Körper (irdischer Raumfahreranzug) jahrzehntelang zu schaden, bis er nicht mehr funktionsfähig ist. Als Folge davon sind sie gezwungen, den Planeten Erde durch Tod früher zu verlassen.

Auf der Erde ist unser Körper
die Heimat unserer Seele.

Wenn wir eine neue Liebe gefunden haben, so machen wir uns gerne schön. Wer sich selbst liebt, pflegt seinen Körper und achtet auf seine Gesundheit.

Wenn wir anfingen, uns selbst wieder mehr zu lieben, dann würden wir uns auch wieder mehr gönnen. Wer immer nur das Billigste kauft, ist sich selbst zu wenig wert.

Der englische Sozialreformer John Ruskin hat einmal gesagt:

„Es gibt kaum etwas auf dieser Welt,
was nicht irgendjemand ein wenig schlechter machen,
und dadurch etwas billiger verkaufen könnte.
Die Menschen, die sich nur am Preis orientieren,
werden die gerechte Beute.“

Aus der Sicht der Verbraucher sind ja die Erzeuger, Hersteller und Händler Schuld, wenn es Skandale gibt wie BSE oder Glykol im Wein..., aber es ist nur **eine** Sichtweise. Es könnte aber auch sein, dass die Verbraucher mit ihrem Billig-Einkaufsverhalten dazu beitragen, dass viele Hersteller versuchen, möglichst preiswert zu produzieren, was dann leider zu diesen vermeidbaren Auswirkungen führt.

Der Schriftsteller Oscar Wilde äußerte sich in etwa so:

„Ich habe einen ganz einfachen Geschmack. Ich bin immer mit dem Besten zufrieden.“

Natürlich haben viele Menschen aus ihrer Sicht gesehen Recht, wenn sie behaupten: „Ja, wenn ich Millionär wäre, würde ich mir auch nur noch das Beste gönnen."

Solange diese Menschen jedoch nicht bereit sind, z. B. ein paar Cent mehr für ein Ei auszugeben, aber gleichzeitig jeden Tag Geld für Alkohol und Zigaretten übrig haben, können sie lange warten, bis sie Millionäre sind.

Bedingungslose Liebe kann nur jemand geben, der sich selbst bedingungslos liebt.

Es ist wahrlich keine große Kunst, seinen Partner, seine Kinder, Eltern oder ein paar gute Freunde zu lieben.

Viele lieben ihre „Liebsten“ doch nur, weil sie von ihnen auch geliebt werden wollen. Wenn sie verlassen werden, lieben sie sie meist nicht mehr. Es handelte sich also nur um eine bedingte Liebe. Für diese Menschen ist Liebe nur ein Tauschgeschäft. Sie lieben nur dann, wenn sie erwarten können, dass die Liebe erwidert wird.

Wenn die Bedingung, dass der andere uns liebt, nicht mehr erfüllt wird, lieben wir ihn auch nicht mehr. Oftmals wird dann aus Liebe leider sogar Hass. Wer einen Menschen auch dann noch liebt, wenn dieser ihm etwas Böses angetan hat, dann ist das bedingungslose Liebe.

Viele Menschen können ihren Körper einfach nicht so akzeptieren wie er ist. Sie lieben sich also nicht bedingungslos.

Wer sich selbst bedingungslos liebt, akzeptiert sich so, wie er heute, hier und JETZT ist.

Er akzeptiert sich selbst, auch wenn er ein paar Kilo zu viel auf die Waage bringt, auch wenn der Busen zu klein oder zu groß ist, auch wenn er zu wenig Haare auf dem Kopf hat. Wer sich selbst liebt, wird jedoch durchaus auf gesunde Ernährung achten und sich ausreichend bewegen. Ich habe ja nicht gesagt, dass Sie nichts an sich verändern dürfen. Ich habe nur aufgezeigt, was bedingungslose Liebe ist. Wer sich selbst bedingungslos liebt, wird sich im Rahmen seiner Möglichkeiten das Beste gönnen.

Nicht, dass Sie jetzt meinen, ich will einen Egoisten aus Ihnen machen.

Ein Egoist schaut ja NUR auf sich und NICHT auf andere.

Optimal ist, sich selbst UND die anderen zu lieben.

Wenn Sie sich selbst **wirklich** bedingungslos lieben, werden Sie auch noch einen Landstreicher lieben können, selbst wenn Ihnen dieser auf der Straße betrunken entgegentorkelt.

Vielleicht ist es die **bedingungslose Liebe** unseres Schöpfers, die alle Atome zusammenhält bzw. vereint.

Durch bedingungslose Liebe
akzeptieren wir diese Einheit.

Dennoch haben wir das Glück, dass wir einen freien Willen besitzen. Mit unserem freien Willen können wir uns für die bedingungslose Liebe, aber auch dagegen entscheiden.

Nachdem jeder Mensch seinen eigenen freien Willen hat, können wir niemanden zwingen, sich für die bedingungslose Liebe zu entscheiden.

Als Traumchef oder Traummitarbeiter
müssen wir damit nicht missionieren.

Dafür sind die Religionen bzw. die Kirchen zuständig. Auch wenn Sie keiner Religion angehören, aber die Lebensweise „Liebe deinen Nächsten wie dich selbst" in der Praxis anwenden, werden Sie damit Erfolg haben.

Bewusst greife ich an dieser Stelle noch einmal das Raucherbeispiel auf. Nichtraucher, die sich ständig mit Rauchern anlegen, sind leider noch nicht in der Lage, sich selbst bedingungslos zu lieben. Nur wer sich selbst bedingungslos liebt, wird auch Raucher bedingungslos lieben können. Wer die Einstellung hat, Raucher nicht zu mögen, stellt ja eine Bedingung, nämlich, nur Menschen zu mögen, die Nichtraucher sind. Genau deswegen kommt der betreffende Nichtraucher immer wieder in solch unangenehme Situationen mit Rauchern. Er hadert mit den Rauchern, infolgedessen wird genau dies in sein Unterbewusstsein einprogrammiert. Mit jeder Aufmerksamkeit, die er auf Raucher lenkt, zieht er immer wieder diese Problemfälle an, und zwar so lange, bis er in der Lage ist, Raucher zu akzeptieren.

Umgekehrt ist es ganz gewiss genauso. Ein Raucher, der ständig Konflikte mit Nichtrauchern hat, liebt auch nicht bedingungslos. Würde er diese bedingungslos lieben, so wäre es für ihn eine Selbstverständlichkeit, sich einen geeigneten Ort zu suchen, an dem er niemanden belästigt.

Solange Raucher und Nichtraucher nach dem Motto „Liebe deinen Nächsten wie dich selbst“ leben, wird es keine Probleme geben. Sie werden sich gegenseitig respektieren und Rücksicht aufeinander nehmen.

Sie werden aufgefordert: „Liebe deinen Nächsten wie dich selbst.“ Was ist, wenn Sie sich selbst nicht leiden können? Dann empfehle ich Ihnen, probieren Sie es mit folgender gedanklichen Einstellung:

„Liebe deinen Nächsten, denn er ist wie du.“

In diesem Falle können Sie Ihre Eigenliebe nicht auf den Nächsten übertragen, aber Sie können im Nächsten Ihre Fehler, Ihre Schwächen und Ihren Egoismus erkennen und sich somit so lange selbst helfen, bis auch Sie zu der Erkenntnis kommen, dass „Liebe deinen Nächsten wie dich selbst“ die bessere Methode ist.

Bedingungslose Liebe vereint.

Wenn bedingungslose Liebe vereint, dann muss dies auch der Schlüssel für eine optimale Zusammenarbeit mit dem Chef, den Kollegen, Lieferanten und selbstverständlich auch mit den Kunden sein. Wer sich selbst bedingungslos liebt, trotz seiner Schwächen, wird auch kein Problem mehr haben, seine Firma, seine Arbeit, seinen Chef, seine Kollegen oder Kunden zu lieben.

Vorsichtshalber noch einmal zur Erinnerung: Wir sprechen hier von seelisch-geistiger und nicht von körperlicher und sexueller Liebe.

Jeder, der sich selbst bedingungslos liebt, wird automatisch feinfühlig akzeptieren, dass andere auch ihre Schwächen haben und wegen ihrer unterschiedlichen Lebenserfahrung andere Sichtweisen oder Ansichten haben.

Liebe deine Kollegen wie dich selbst.

Nur wer sich selbst liebt, ist in der Lage, auch seine Kollegen zu lieben. Liebe **vereint** immer, führt also zusammen - auch Kollegen.

Da das ganze Universum durch Atome **vereint** ist, müsste der Normalzustand eigentlich „Liebe“ sein. Ohne Liebe trennt man sich von dieser Einheit und schafft sich dadurch unnötig Konflikte. Nachdem sich viele Menschen selbst nicht mehr leiden können, versuchen sie unbewusst, ihren Frust an den Kollegen auszulassen, indem sie diese mobben.

Beim Mobbing handelt es sich um systematische Schikanen und Verleumdungen gegen Einzelne. Die Attacken gehen oftmals unter die Gürtellinie mit der Absicht, die Betreffenden zu demütigen und auszugrenzen. Das Betriebsklima leidet enorm darunter. Von "Liebe deinen Nächsten wie dich selbst" sind alle Beteiligten meilenweit entfernt.

Folgende Methode wird beim Mobbing am Arbeitsplatz gerne angewandt:
Man sucht sich ein Opfer aus, auf das man seinen ganzen Frust abladen kann. Das Opfer wird immer jemand sein, der sich anders verhält als die anderen, z. B. ein Raucher unter lauter Nichtrauchern oder ein Lediger unter lauter Verheirateten, eine Blondine unter lauter Nicht-Blondinen, ein Ausländer unter lauter Deutschen oder umgekehrt, ein Kollege, der als Streber gilt oder eine Kollegin, die besonders wenig Selbstvertrauen hat usw. Der Phantasie sind dabei keine Grenzen gesetzt.

Die Vorgehensweise ist fast immer die gleiche. Mehrere Kollegen schließen sich zusammen und hacken auf einem Einzelnen herum. Das verschafft den Mobbern ein gutes Gefühl nach dem Motto: „Wir sind die Normalen, der Gemobbte ist der Unnormale."

Nachdem die Basis-Stimmung „bedingungslose Liebe" am Arbeitsplatz nicht vorhanden ist, versucht man sich auf andere Weise ein gutes Gefühl zu verschaffen. Wer sich unwohl fühlt, fängt an zu mobben und schon ist seine Stimmungslage wieder etwas besser. Man fühlt sich als Guter, weil ja der Gemobbte der Böse ist. Die Stimmungslage und die Energie des gemobbten Mitarbeiters sinkt dadurch immer weiter. Der Betreffende verschließt sich immer mehr, was den Mobbern noch mehr Auftrieb gibt. Wenn das Opfer immer schwächer wird, wird der Angriff immer stärker. Erst wenn der gemobbte Mitarbeiter die immer häufiger werdenden Schikanen nicht mehr ertragen kann und kündigt oder - noch schlimmer - ihm aufgrund von ständigen Verleumdungen gekündigt wird, haben die Mobber ihr Ziel erreicht.

Theoretisch müsste jetzt Frieden und Ruhe einkehren. Ruhe herrscht meist nur so lange, bis das nächste Mobbingopfer gefunden ist. Aber Achtung: Die Gefahr ist groß, dass jetzt einer von den Mobbern selbst das nächste Opfer wird. Denn was man sät, das wird man ernten! Mitarbeiter, die mobben, lieben sich selbst nicht und können deswegen auch ihre Kollegen nicht lieben.

Wie aber sieht es bei dem Gemobbten aus? Es soll hier nicht der Eindruck entstehen, die Mobber sind die Schlechten und der Gemobbte ist der Gute. Ein Mitarbeiter, der gemobbt wird, verstößt gegen das gleiche Prinzip wie die Mobber. Er liebt nämlich seine Kollegen auch nicht, weil er sich ja selbst meist nicht mag oder weil er, was häufig vorkommt, ein großes Ego-Problem hat. Da alle Beteiligten, die Mobber und der Gemobbte, gegen die gleiche Regel verstoßen, haben sie miteinander dieses Problem.

Wer aus so einem Vorfall nichts lernt, wird bald in einen noch schlimmeren Konflikt verwickelt sein und ein noch größeres Problem haben. Die Natur hat ihre eigenen Gesetze. Wer aus einem Problem nichts lernt, vergrößert es ungewollt. Sein Problem wird so lange größer werden, bis er einen geistigen Lernprozess vollzogen hat. Erst wenn er erkennt, dass er **selbst** zu seinem Problem beigetragen hat bzw. ein Teil des Problems ist und anfängt, seine Lehren daraus zu ziehen, wird sich sein Problem bald in Wohlgefallen auflösen.

Da wir es gerne nur aus unserer eigenen Sicht sehen, werden wir für jedes Problem schnell einen Schuldigen gefunden haben. Somit ist unser Ego wieder voll zufrieden, weil wir irrtümlich annehmen, wir könnten ja nichts dafür, dass das Schicksal es mit uns nicht so gut meint. Umgekehrt fällt uns normalerweise auch nicht ein, dass andere für unseren großartigen Erfolg verantwortlich sein könnten. Hier klopfen wir uns schon selbst auf die Schulter und erzählen allen, was wir für tolle Kerle sind.

Solange wir nicht anfangen nachzudenken, durch welche Aussaat wir Probleme ernten und nicht bereit sind, daraus zu lernen, solange werden wir weitere Missernten (noch größere Probleme) einfahren. Probleme können aber auch sehr große Lernmomente für uns sein, sofern wir bereit sind, den Fingerzeig dahinter zu erkennen. Wenn wir nicht wissen, welcher Samen der Auslöser für unsere Probleme war, so sollten wir anfangen, mehr Liebe zu säen. Viele unserer Probleme werden sich dadurch wie von selbst lösen. Wir müssen nur daran glauben. Ein Mitarbeiter, der den Samen „Liebe deinen Nächsten wie dich selbst“ sät, wird so gut wie nie Opfer eines Mobbing-Anschlages werden.

Erst wenn Sie Ihre Kollegen so akzeptieren wie sie sind, werden Sie Harmonie am Arbeitsplatz vorfinden.

Liebe deinen Chef wie dich selbst.

Damit meine ich nicht, dass Sie Ihrem Chef in den Hintern kriechen, seine Füße küssen und zu allem „Ja und Amen“ sagen sollen.

An dieser Stelle kann ich eine eigene Erfahrung einbringen. Als ich noch Arbeitnehmer war, glaubte ich, einen Chef zu haben, der es nicht immer besonders gut mit mir meint. Dieser Chef brauchte von Zeit zu Zeit jemanden, bei dem er seinen Frust abladen konnte. Also suchte er sich unbewusst ein Opfer aus. Zuweilen traf es mich.

Ich wünschte mir damals von meiner Frau (zufälligerweise!!!) das Buch „Das Geheimnis des Erfolgs“ von Og Mandino (Verlag Norman Rentrop) zu Weihnachten. Ein Satz aus diesem Buch ist mir bis heute in bester Erinnerung geblieben:

**„Ich begrüße diesen Tag
aus einem Herzen voller Liebe.“**

Ich fing damals also an, den Tag aus einem Herzen voller Liebe zu begrüßen. Während der Weihnachtszeit war dies nicht besonders schwierig. Auch ich gehöre zu der Sorte, die zum Jahreswechsel gute Vorsätze fasst, die meist nur bis Heilige Drei Könige (6. Januar) anhalten. Vielleicht kennen Sie solche Vorsätze aus eigener Erfahrung. Ich beschloss damals, diesen Satz in das Neue Jahr mit hineinzunehmen und ihn zumindest noch vier weitere Wochen zu testen.

Ich habe also jeden Tag ganz besonders aus einem Herzen voller Liebe begrüßt. Mit einem Herzen voller Liebe begegnete ich meinem Chef und war gespannt auf seine

Reaktion. Ich wunderte mich, dass ich plötzlich so etwas wie Mitgefühl für meinen Chef verspürte. Ich konnte es kaum glauben, dass auch von ihm plötzlich weniger Aggressionen ausgingen. Ich glaube, wir waren beide etwas irritiert über unsere - sagen wir mal - ungewöhnlich entspannte Atmosphäre. Das Arbeitsklima war urplötzlich viel angenehmer. Es versteht sich von selbst, dass mir die Arbeit dadurch wesentlich mehr Spaß machte. Ermutigt durch diesen Erfolg, ging ich auch die nächsten Tage mit einem Herzen voller Liebe zur Arbeit. Mir fiel auf, dass mein Chef jetzt zwar liebevoller zu mir, aber noch lange nicht zu meinen Kollegen war. Seit damals bin ich fest überzeugt, dass Liebe eine unsichtbare und sehr starke Energie ist, die man überall einsetzen kann.

Selbst heute, nach über 20 Jahren, begleitet mich dieser Satz in leicht abgewandelter Form noch tagtäglich beim Aufwachen.

Liebe deine Firma wie dich selbst.

Wer die Firma liebt, in der er arbeitet, schafft die besten Voraussetzungen für eine erfolgreiche Zusammenarbeit aller Beteiligten. Man sieht plötzlich mehr das Positive und weniger das Negative.

Seien wir dankbar, dass es immer noch viele kleine und mittelständische Unternehmer gibt, die sich die Mühe machen, Arbeitsplätze zu erhalten oder zu schaffen. Viele dieser Unternehmer machen pro Jahr nur ein bis fünf Prozent Gewinn ihres eingesetzten Kapitals. (Wenn Sie es nicht glauben, so schauen Sie einmal in den Wirtschaftsteil Ihrer Tageszeitung.)

Würde ein solcher Unternehmer sein Geld über einen längeren Zeitraum auf andere Weise anlegen, z. B. festverzinslich, so würde er dabei wesentlich mehr Rendite erzielen. Mit den erwirtschafteten Zinsen könnte er ein angenehmes und luxuriöses Leben führen und bräuchte sich nicht täglich für seine Mitarbeiter aufzuopfern.

Liebe deine Arbeit wie dich selbst.

Wenn Sie beruflich erfolgreich sein wollen, so wäre es ein großer Vorteil, einen Beruf auszuüben, den Sie lieben. Denn dann macht Ihnen die Arbeit mehr Spaß. Was immer Sie gerade tun, tun Sie es mit Liebe und in Dankbarkeit.

Liebe deine Mitarbeiter wie dich selbst.

Ein misstrauischer Chef schafft niemals den Nährboden für eine fruchtbare Zusammenarbeit. Die Wahrscheinlichkeit für ein Gegeneinander-Arbeiten steigt.

Selbst gute und anständige Mitarbeiter werden keine Gelegenheit auslassen, über ihn zu lästern. Solange sie keinen besseren Arbeitsplatz finden, werden sie zwar weiterhin ihre Arbeit verrichten, aber meist lustlos und mit wenig Motivation. Fachleute sprechen dann von „innerer Kündigung“. Dieses Problem ist auch mit einer saftigen Lohnerhöhung nicht aufzuhalten. Es wird höchstens ein kurzes Strohfeuer lodern, das sehr schnell wieder erlöschen wird. Das eigentliche Leben dieser Mitarbeiter beginnt erst nach Feierabend.

Einen misstrauischen Chef erkennt man häufig an seinem Befehlston. Er versucht, durch Druck bestimmte Handlungen seiner Mitarbeiter zu erzwingen.

Laut verschiedener Umfragen fühlt sich jeder zweite Mitarbeiter von seinem Chef schlecht behandelt.

Ein Chef, der seine Mitarbeiter liebt, anerkennt und ihnen vertraut, arbeitet nicht mit Druck, sondern mit Sog. Es ist ein physikalisches Gesetz, dass Druck Gegendruck erzeugt.

Ein Chef, der seine Mitarbeiter liebt, wird sie unbewusst

- nicht überfordern,
- nicht unterfordern,
- sondern angemessen herausfordern.

Ich denke, es gibt sehr viele Mitarbeiter, die angemessen herausgefordert werden wollen.

Liebe deine Kunden wie dich selbst.

„Der Kunde ist eine Bestie und nur ein guter Dompteur ist in der Lage, diese zu zähmen."

Anlässlich einer Geschäftspräsentation wurde diese verachtende Meinung von einem ca. 55 Jahre alten Verkäufer geäußert.

Welche ungeheure negative Energie muss dieser Mensch bei seiner jahrzehntelangen Verkaufstätigkeit aufgewendet haben. Vermutlich haben einige seiner Kunden nur aus Angst vor ihm gekauft. Ich hatte den Eindruck, dass einzelne Anwesende Mitleid mit ihm hatten, während ihn andere wegen dieser jahrelangen unglaublichen Energieleistung bewunderten.

Sie sehen also: Auch mit einer extrem negativen Einstellung dem Kunden gegenüber kann man durchaus viel Geld verdienen. Aber bitte glauben Sie mir: Einen glücklichen Eindruck hat der Betreffende nicht gemacht. Man konnte ihm vom Gesicht ablesen, dass er abgestumpft, ausgelaugt und müde vom aufreibenden täglichen Kampf mit seinen Kunden war. Jedermann merkte ihm an, wie überdrüssig er seiner Kunden war. Aber sein Schicksal wollte es, dass er weiterhin Kunden zur Finanzierung seines Lebensunterhalts benötigt. Dadurch erhält er jeden Tag eine neue Chance, seine Kunden zu lieben wie sich selbst.

Ich gebe zu, dass die Bezeichnung „Bestie“ das Extremste ist, das ich bisher über Kunden gehört habe. Die Betonung liegt auf „gehört“; gesehen habe ich nämlich noch schlimmere Dinge.

Mit der geistigen Einstellung „Liebe deine Kunden wie dich selbst“ wird es Ihnen gelingen, Ihren Kunden zusätzlich ein emotionales Erlebnis zu verschaffen. Gegenseitiges Vertrauen und Sympathie werden die Folgen sein.

So werden aus zufriedenen Kunden begeisterte Kunden. Begeisterte Kunden wiederum sind die beste Empfehlung für jede Firma. Sie wirken wie Multiplikatoren.

Kunden suchen mehr denn je partnerschaftliche Geschäftsbeziehungen. Wenn Sie Ihre Kunden nicht als Gegner sondern als Partner betrachten, so schaffen Sie eine Partnerschaft, die neue Partner (Kunden) schafft.

„Liebe deine Kunden wie dich selbst", ist deshalb das wichtigste und effizienteste Handwerkszeug von Traumchefs und Traummitarbeitern.

Ich weiß, dass das Thema „Liebe deinen Kunden wie dich selbst" bei einigen Chefs und Mitarbeitern leider auf großen Widerstand stößt. Das häufigste Gegenargument lautet: „Man kann sich doch von seinen Kunden nicht alles gefallen lassen."

Stimmt! Da gebe ich Ihnen absolut Recht. Doch wo ist die Grenze?

Ich denke gerade an einen Handwerker, der mit jedem zweiten Kunden Probleme hat. In diesem Falle, behaupte ich, ist diese Grenze weit überschritten. Selbstverständlich herrscht auch bei ihm die Meinung vor, dass man sich doch von seinen Kunden nicht alles gefallen lassen kann.

Vielleicht können Sie mit folgendem Richtwert etwas anfangen:
Wer mit mehr als einem Prozent seiner Kunden Probleme hat, der sollte mal anfangen nachzudenken, was in seiner

Firma alles schief läuft und nicht alle hauseigenen Probleme auf seine Kunden schieben. Natürlich gibt es Kunden, die unverschämt sind. Gerade bei diesen Kunden kann man perfekt üben: „Liebe deinen Nächsten wie dich selbst."

Im Bundesstaat North Carolina (USA) betrat eine Frau zusammen mit einem männlichen Begleiter das Restaurant „Angus Barn". Sie erklärte der Bedienung, dass Sie Geburtstag habe und einen schönen Abend verbringen wolle. Sie gab ihre Bestellung auf und wartete voller Vorfreude auf den ersten Gang. Im Laufe des Abends reklamierte sie konsequent jedes Gericht, das ihr serviert wurde als zu heiß, zu kalt, zu süß oder zu sauer. Als sie sich über eine ekelige tote Fliege im Salat beschwerte (die Fliege gab sie heimlich selbst in den Salat), eilte die Restaurantmanagerin persönlich herbei. Sie entschuldigte sich vielmals und bot zur Versöhnung an, dass sie an diesem Abend bestellen könne, was sie wolle und dass die Rechnung selbstverständlich das „Angus Barn" übernehme. Dessen ungeachtet reklamierte sie diesmal, dass die Soße nicht die richtige Temperatur habe. Nachdem auch diese Reklamation anstandslos akzeptiert wurde und das Personal immer noch freundlich war, gab sie sich als professionelle Restaurant-Testerin zu erkennen. Die ganze Aktion wurde von ihrem Begleiter mit versteckter Kamera gefilmt.

Dieser Film wurde von den verschiedensten Fernsehstationen weltweit ausgestrahlt. Ich habe diese unglaubliche Geschichte bei „RTL II" in der Sendung „Die Redaktion Spezial" gesehen. Die Testerin äußerte sich wörtlich: „Das Beste, was ich jemals an Service erlebt habe!"

Übrigens: Das Restaurant „Angus Barn“ soll angeblich das freundlichste Personal auf der ganzen Welt haben! Auch die Trinkgeldrate soll in diesem Lokal überdurchschnittlich hoch sein, was angesichts dieser Traummitarbeiter niemanden verwundern wird.

Dieses phantastische Personal hat mit seiner unglaublichen Geduld und Freundlichkeit einen Samen gesät, der um die ganze Welt ging. Eine kostenlose, weltweite TV-Werbung in dieser Größenordnung ist sicherlich einmalig.

Betrachten Sie schwierige Kunden einfach als Übungskandidaten zur Vervollkommnung der Regel „Liebe deine Kunden wie dich selbst.“ Wer selbst bei schwierigen Kunden nicht die Geduld verliert und weiterhin nett und freundlich bleibt, der wird bei den restlichen garantiert keine großen Probleme mehr haben. Ich stelle mir bisweilen spaßeshalber vor, wie dieser Test wohl in Deutschland ausgegangen wäre. Besonders weit komme ich dabei nicht mit meiner Vorstellungskraft, da ich annehme, dass die meisten Restaurants einen Gast spätestens nach der dritten Reklamation wohl hinauswerfen, oder freundlicher ausgedrückt, ihm dezent empfehlen würden, doch rasch das Lokal möglichst unauffällig zu verlassen.

Sehen Sie es positiv:

„Wer perfekt werden möchte, braucht auch extravagante Fälle zum Trainieren.“

Traumchefs und Traummitarbeiter werden solche Übungsfälle immer weniger erhalten. Die Unbelehrbaren bekommen ständig neue Herausforderungen zum Trainieren. Wer überwiegend mit unangenehmen Kunden zu tun hat, der sollte einmal darüber nachdenken, was er in letzter Zeit alles gesät hat.

Betrachten Sie einen Kunden einfach, als wäre es ein guter Freund. Entsprechend werden Sie ihn behandeln. Sie sind doch auch ständig irgendwo Kunde und fühlen genau, ob Sie eher als Gegner oder Freund betrachtet werden. Diese unsichtbare Kommunikation kann man auch als Sprache

„von Herz zu Herz“

bezeichnen.

Das kann durchaus auch einmal heißen, dass man zu einem Kunden sagen muss: „Leider kann ich Ihnen in diesem Fall unser Produkt nicht empfehlen, da ich spüre, dass Sie eigentlich etwas ganz anderes suchen.“ Wo ist das Problem dabei? Der Kunde wird fühlen, dass Sie es ehrlich mit ihm meinen. Er wird wiederkommen und vielleicht haben Sie beim nächsten Mal genau das Produkt oder die Dienstleistung, die er gerade benötigt.

**Wer seine Kunden liebt,
braucht keine Verkaufstricks mehr.**

Ich habe viele Verkäufer erlebt, die ganz stolz sind auf ihre so genannten Verkaufstricks. Ich frage sie dann immer, ob sie wissen, dass Tricks nichts anderes als Täuschungen sind. Denken Sie z. B. an Zaubertricks. Mit Verkaufstricks will man also seine Kunden täuschen. Das geht so lange gut, bis der Kunde feststellt, dass er ausgetrickst - also getäuscht worden ist. Wer seine Kunden liebt wie sich selbst, der braucht keine Tricks mehr, um erfolgreich zu verkaufen.

Seien Sie besonders freundlich zu unfreundlichen Kunden, diese haben es am nötigsten.

Jeder Kunde ist entweder unser Freund oder unser Lehrer. Sollte uns der Kunde gerade nicht sympathisch sein, so bietet er uns genau in diesem Augenblick die Chance, etwas zu lernen. Wahrscheinlich will er uns nur beibringen: „Liebe deinen Nächsten wie dich selbst“ - vielleicht aber auch etwas anderes.

So wie du die Welt liebst, liebt sie dich zurück.

Auf Kunden umgemünzt könnte dieser Satz auch lauten:

So wie du die Kunden liebst, lieben sie dich zurück.

Sobald das Herz des Kunden für uns schlägt, fällt es ihm viel leichter, seinen Geldbeutel zu öffnen.

Die Beziehung zwischen Kunden und Unternehmen entscheidet künftig über das Umsatzwachstum oder den Umsatzrückgang. Die Persönlichkeit jedes einzelnen Mitarbeiters spielt dabei eine immense Rolle.

„Lass nicht zu, dass du jemandem begegnest, der nicht nach der Begegnung mit dir glücklicher ist.“
(Mutter Theresa)

Eigentlich ist es sehr mühsam, immer darüber nachzudenken, wen man gerade lieben soll. Ist es der Kunde, der Chef, der Kollege oder die Firma usw.?

Am einfachsten ist es, sich anzugewöhnen:

„Liebe deinen Nächsten wie dich selbst."

Versuchen Sie, jeden Menschen, den Sie gerade treffen - gleichgültig, ob Freund oder Feind - so zu behandeln, wie Sie von ihm behandelt werden möchten. Es könnte sein, dass Sie dann bald keine Probleme mehr haben. (Vielleicht ist Ihnen dann Ihr Leben zu langweilig?)

Haben Sie Ihren Lebenssinn schon gefunden?

Wenn nicht, schlage ich Ihnen vor, auszuprobieren, ob der Sinn des Lebens nicht darin bestehen könnte, „Liebe deinen Nächsten wie dich selbst" in die Tat umzusetzen.

Vielleicht haben wir dies von unserem Schöpfer für die Lebensschule Erde als Hausaufgabe mitbekommen. Könnte es nicht sein, dass wir Menschen unsere Sorgen und Probleme nur deswegen haben, weil wir mit unserer Hausaufgabe „Liebe deinen Nächsten wie dich selbst" noch nicht fertig sind, ja vielleicht sogar noch nicht damit begonnen haben? Ich kann mir gut vorstellen, dass es so ist. Schulkinder können sicher bestätigen: Wer seine Hausaufgaben nicht macht, bekommt gewöhnlich Probleme.

Im Grunde genommen wollen wir alle nur das eine, nämlich glücklich sein. Wenn uns zu unserem großen Glück noch etwas fehlt, wie z. B. Gesundheit, Liebe, Anerkennung oder Geld, so ist die Wahrscheinlichkeit groß, dass wir genau da einen Mangel an bedingungsloser Liebe haben.

Wir hätten gerne beispielsweise mehr Anerkennung, kritisieren aber genau die Menschen, die öffentlich anerkannt sind (u. a. Schauspieler, Politiker, Sportler oder Musiker). Wer z. B. wohlhabende Leute kritisiert und deren - seiner Meinung nach - unsoliden Lebensstil verurteilt, liebt diese nicht bedingungslos. Er stellt ja die Bedingung, dass sie so leben sollten, wie er es als richtig empfindet. Vermutlich wird er gerade wegen dieser Einstellung einen Mangel an Geld haben.

Liebe deinen Nächsten wie dich selbst,
ist die Lösung für alle Probleme.

Deshalb habe ich ganz bewusst dieses Thema in den beruflichen Bereich eingebracht. Gerade auf diesem Gebiet wird das Thema leider noch weitgehend vernachlässigt.

Kennen Sie Mitarbeiter, die quasi als lebende Roboter rumlaufen? Diese Roboter haben zig Seminare besucht, kennen jeden Verkaufstrick, sind korrekt gekleidet, haben für jede Frage einen vorgefertigten Satz parat und lächeln auf Kommando, wenn man sie anspricht.

Ich bezeichne diese Roboter als überschult. Sie wurden in vielen (angeblich?) wissenschaftlich bewiesenen Management- und Erfolgsmethoden unterrichtet. Nur eines haben sie bisher nicht gelernt: „Liebe deinen Nächsten wie dich selbst." Es klafft deshalb oft eine große Lücke zwischen diesen Lehr-Methoden und der täglichen Praxis.

„Liebe deinen Nächsten wie dich selbst" schließt diese Lücke.

Im letzten Kapitel lernen Sie u. a. den Zünder für die „Liebe" kennen.

Meine persönlichen Notizen zu Kapitel 8

9 ...wie dich selbst

Andere Menschen behandeln uns meistens so, wie wir uns selbst behandeln.

Es gibt Menschen mit der Einstellung:
„Sollen doch die anderen erst einmal liebevoller zu mir sein, dann werde ich mich auch liebevoller verhalten.“ Erwarten wir etwa von einem Ofen, dass er Wärme abgibt, ohne dass wir ihm vorher Heizmaterial, wie z. B. Öl, Holz, Kohle oder Strom geben? Wohl kaum. Wer Wärme haben will, muss vorher seinem Ofen Brennstoff geben.

Liebe ist der Brennstoff für Wachstum.

- Wenn sich zwei Menschen besonders lieben, so wird ihr gegenseitiges Vertrauen ständig wachsen.

- Wenn Sie Geld lieben, so werden Sie bald mehr Geld haben.
- Wenn Sie Ihre Kunden lieben, so werden Sie mehr Umsatz haben.
- Wenn Sie Ihre Mitarbeiter lieben, werden diese mehr Einsatz zeigen.
- Wenn Sie Ihren Beruf und Ihre Arbeit lieben, so werden Ihre Erfolge zunehmen.
- Wenn Sie Ihre Firma und Ihre Vorgesetzten lieben, wird Ihr Einkommen steigen.
- Wenn Sie Ihre Kollegen lieben, wird das Arbeitsklima besser.
- Wenn Sie Ihren Nächsten lieben wie sich selbst, so werden Sie viel mehr nette Menschen kennen lernen.
- **Wenn Sie sich selbst lieben, so werden Sie über sich hinauswachsen.**

Viele Menschen sind ja durchaus der Meinung, dass es zumindest nicht falsch sein kann, seinen Nächsten zu lieben wie sich selbst.

„Was könnte ich heute tun, um mehr Liebe und Harmonie in mein Leben zu bringen und womit fange ich an?“

Wir fangen bei uns selbst an!

Der einzige Ort, wo wir Glück dauerhaft finden können, liegt in uns selbst.

Alle Menschen wollen glücklich und gesund sein. Im Beruf und im Sport wollen wir erfolgreich sein und anerkannt werden. In der Familie und von unseren Freunden wollen wir geliebt und geachtet werden. Um diesen Zielen möglichst nahe zu kommen, bleibt uns nichts anderes übrig, als den Königsweg zu wählen und anzufangen, uns selbst zu lieben. Erst, wenn wir uns selbst bedingungslos lieben, können wir andere optimal lieben.

Der beste Zeitpunkt um anzufangen ist immer heute, hier und jetzt - genau in diesem Augenblick!

Falls Sie aus irgendeinem Grund nicht jetzt sofort damit anfangen wollen, so empfehle ich Ihnen, wenigstens morgen früh nach dem Aufwachen damit zu beginnen.

Und schon werden leider die ersten Ausprobierer scheitern. Denn wenn wir nach dem Aufwachen damit beginnen wollen, sollten wir künftig unseren Wecker fünf Minuten früher stellen. Das ist für diejenigen, die gerne bis zur letzten Sekunde schlafen, bereits ein großes Hindernis.

Wer diese Hürde jedoch meistert, der hat ab sofort jeden Morgen fünf Minuten mehr Zeit, die er nutzen kann, um sich mit Liebesenergie voll zu saugen wie ein Schwamm.

Was glauben Sie, wie lange eine Batterie funktioniert, die nur Energie abgibt, aber nie aufgeladen wird?

Wenn wir zwar unseren Nächsten lieben, aber uns selbst nur dürftig, also unsere eigene Batterie zu wenig aufladen, dann brechen wir irgendwann vor lauter Verzweiflung zusammen, weil unser Akku leer ist.

Fangen wir also an, unseren Akku aufzuladen.

Die ersten Gedanken am Morgen bestimmen oftmals die Grundstimmung für den ganzen Tag.

„Um Himmels willen, was wird das wohl heute wieder für ein stressiger Arbeitstag werden?“, „Wie viele Kunden werden heute wieder Schwierigkeiten machen?“, „Wahrscheinlich wird wieder der Arbeitskollege XY genau vor meiner Nase seine Zigarette rauchen, um mich zu ärgern“, „Welche Schikanen wird sich mein Chef wohl heute wieder für mich einfallen lassen?“

Wer mit solchen Gedankengängen seinen Tag beginnt, braucht sich nicht zu wundern, wenn er abends völlig entnervt nach Hause kommt und feststellt: „Ich habe es ja heute Morgen schon gewusst, dass dies ein miserabler Tag werden wird - und genauso war es auch.“

Wie war das noch? „Unsere Gedanken haben die Tendenz, sich zu verwirklichen."

Möchten Sie einen guten Tag erleben?
Dann sollten Sie morgens mit dem Glauben
an einen guten Tag beginnen.

Um eine vernünftige Grundstimmung für den ganzen Tag zu haben, sollten Sie sich deshalb gedanklich vorsagen:

„Ich begrüße diesen Tag
aus einem Herzen voller Liebe.“

Den Tag aus einem Herzen voller Liebe zu begrüßen heißt, erkennen, dass dieser Tag neue Gelegenheiten und Herausforderungen bereithält, an denen Sie reifen und überprüfen können, ob Sie den Nächsten schon lieben wie sich selbst.

Wenn Sie zu den wenigen Zeitgenossen gehören, die mit Liebe überhaupt nichts anfangen können, so können Sie es ja mit

„Ich begrüße diesen Tag
aus einem Herzen voller Harmonie“

versuchen.

Wenn sich dabei immer noch kein liebevolles Gefühl einstellt, sagen Sie es sich noch ein paar Mal vor. Wenn Sie jetzt immer noch nichts empfinden, so versuchen Sie, an Menschen zu denken, die Ihnen in Ihrem bisherigen Leben besonders wichtig waren. Dies können Menschen sein, die immer für Sie da gewesen sind. Die Familie, gute Freunde oder Arbeitskollegen. Es können aber auch Personen sein, die Sie in verschiedenen Lebenssituationen zum Weitermachen ermutigt haben, z. B. Eltern, Großeltern, Nachbarn, Lehrer oder Vorgesetzte.

Als Nächstes sollten Sie anfangen, Ihrem Schöpfer zu danken, dass Sie überhaupt noch am Leben sind. Während Sie geschlafen haben, sind andere Menschen vielleicht verhungert, verunglückt oder eines natürlichen Todes gestorben. Sie aber leben noch. Das ist doch Grund genug, dankbar zu sein.

Dankbarkeit ist der beste Ausgangspunkt, um sich selbst zu lieben.

Wer nicht dankbar sein kann, hat das Wohlgefühl, sich selbst zu lieben, überhaupt noch nicht richtig auskosten können. Deshalb sollten Sie versuchen, für mehr Dinge dankbar zu sein, damit Sie dieses Gefühl jetzt gleich kennen lernen.

**Sind Sie dankbar,
dass Sie sehen können?**

Wenn Sie dafür nicht dankbar sein können, dann verlassen Sie Ihr Bett doch einmal mit geschlossenen Augen. Versuchen Sie nur zehn Minuten lang, die Augen geschlossen zu halten, dabei auf die Toilette zu gehen, sich zu waschen, zu schminken, zu rasieren, zu frisieren usw.

Was denken Sie, wie dankbar blinde Menschen wären, wenn sie so wie Sie, jetzt, in diesem Moment, sehen könnten!

**Sind Sie dankbar,
dass Sie hören können?**

Wenn Sie dafür nicht dankbar sein können, so probieren Sie es einmal nur drei Stunden mit guten Ohrpfropfen. Gehen Sie dabei Ihrem normalen Tagwerk nach. Nach diesen drei Stunden werden Sie sicherlich dankerfüllt sein, dass Sie hören können.

**Sind Sie dankbar,
dass Sie sich bewegen können?**

Bedenken Sie, wie Menschen von Dank erfüllt wären, die im Rollstuhl sitzen, wenn sie heute mit Ihnen tauschen könnten. Sie hätten vermutlich Freudentränen in den Augen.

**Sind Sie dankbar,
dass Ihre Angehörigen noch am Leben sind?**

Sind Sie dankbar, dass es Menschen gibt, von denen Sie geliebt werden und die auch Sie lieben? Bitte denken Sie daran: „Liebe sollte sich nicht nur auf die engsten Angehörigen beziehen. Deswegen versuchen wir uns ja gerade durch Dankbarkeit mit Liebe voll zu saugen, damit auch für die anderen, z. B. Arbeitskollegen, Chefs oder Kunden noch etwas übrig bleibt.

Falls Ihre Liebsten nicht mehr am Leben sind, so sollten Sie von Dank erfüllt sein, dass Sie für eine bestimmte Zeit an deren Leben teilhaben durften.

„Leider erkennen viele Menschen erst im Unglück, dass sie vorher glücklich waren.“
(Bertrand Russel)

Sind Sie dankbar, dass Sie gesund sind?

Ich gebe zu, auch ich war - und bin heute immer noch - der Meinung, Gesundheit ist das Wichtigste im Leben. Ich gebe auch zu, dass ich mir früher verhältnismäßig wenig dabei gedacht habe.

Erst seit ich wochenlang mit sehr starken Schmerzen im Krankenhaus lag, weiß ich, wie dankbar ich dafür bin, heute schmerzfrei sein zu dürfen. Vorher habe ich nur **gesagt**, dass Gesundheit das Wichtigste sei. Heute bin ich täglich dafür dankbar, schmerzfrei zu sein. Erkennen Sie den Unterschied?

Sind Sie dankbar, dass Sie in einem freien Land leben und dass Sie ein Dach über dem Kopf haben?

Es gibt so viele Gründe, dankbar zu sein, dass gewiss auch Sie einige finden.

Spüren Sie schon, wie man mit Dankbarkeit Liebe anzapft?

Menschen, die beten, sollten Dankbarkeit in ihr Morgengebet mit einschließen.

Dankbarkeit ist der Zündfunke für die Liebe.

Wenn Sie genügend Liebe aufgenommen haben, so wird es Ihnen ab sofort ziemlich leicht fallen, mit einem Herzen voller Liebe aufzustehen.

Wenn Sie von Liebe erfüllt sind, werden Sie feststellen, dass Sie ruhiger, lockerer, gelassener sind und quasi keinen Stress mehr verspüren. Durch Dankbarkeit entstehen positive und liebevolle Gefühle, die über unsere Nervenbahnen in jede einzelne Zelle unseres Körpers fließen.

Man fühlt sich geradezu erleichtert, was ja auch logisch ist, weil man jetzt weniger Masse mit sich herumschleppt.

Das Leben ist sofort angenehmer. Man sieht nicht mehr alles so engstirnig. Unser Bewusstsein wird dadurch erweitert und wir sehen alles globaler. Bei einer Gelegenheit, bei der Sie gestern noch Ihre Kinder getadelt haben, werden Sie heute viel sachlicher und besonnener reagieren. Nehmen wir einmal an, Ihr Partner ist heute Morgen besonders schlecht gelaunt und versucht einen Streit anzufangen. Solange Sie entsprechend gut drauf sind, wird ihm dies nicht gelingen.

Die Kunst besteht jetzt einzig und allein darin, dass dieser positive Zustand möglichst lange anhält. Ich kann mich noch sehr gut daran erinnern, dass dieser liebevolle Zustand bei mir anfangs nur vormittags währte. Spätestens zur Mittagszeit war ich wieder in meinem alten Trott.

Ich versichere Ihnen, je häufiger man morgens den Tag aus einem Herzen voller Liebe begrüßt und für möglichst vieles dankbar ist, umso länger halten diese Phasen an.

Wer den ganzen Tag über ein Herz voller Liebe haben will, dem empfehle ich, sich auch tagsüber bewusst zu machen, wofür er dankbar sein könnte.

Im Folgenden noch ein paar Anregungen dazu:
Spätestens beim Frühstück kann man dankbar sein, dass man etwas zu essen hat. Schließlich verhungern zur gleichen Zeit Menschen auf diesem Planeten, während wir ausgiebig frühstücken.

Seien Sie dankbar, wenn Sie mit Ihrem Auto in der Firma unfallfrei angekommen sind. Nicht alle Menschen werden dieses Kunststück heute fertig bringen. Oder benötigen Sie zuerst einen Blechschaden, um zu erkennen, wie angenehm es ist, unfallfrei zu fahren?

Seien Sie dankbar, wenn Sie einen Arbeitsplatz haben, auch wenn er noch nicht ganz Ihren optimalen Vorstellungen entspricht. Als Traummitarbeiter werden Sie bald Ihre Traumfirma finden.

Es gibt den ganzen Tag über ständig Gelegenheiten, dankbar zu sein.

Manchmal müssen wir erst etwas verlieren, um zu erkennen, dass wir dafür hätten dankbar sein können.

Ich habe mir über zehn Jahre lang täglich in einem Kalender notiert, wofür ich jeden einzelnen Tag dankbar war. Es hat mir immer sehr gut getan. Viele Jahre kann ich nun zurückverfolgen, was damals an diesem oder jenem Tag für mich besonders positiv war und wofür ich dankbar sein konnte.

Am 6. April 2001 habe ich damit aufgehört. An diesem Tag habe ich erkannt, dass es sehr vorteilhaft ist, für alles dankbar zu sein, was mir das Leben schenkt, auch wenn es - aus meiner Sicht gesehen - momentan unangenehm ist. Ich bin mir bewusst, dass ich zum Teil erst viel später erkennen werde, wofür diese vermeintlich negativen Ereignisse gut waren.

Ich bin überzeugt, dass es das Leben immer gut mit uns meint, auch wenn so mancher Schicksalsschlag uns dies erst später erkennen lässt.

Wenn wir den Tag mit Dankbarkeit beginnen, haben wir sehr gute Voraussetzungen, um im Laufe des Tages auch bewusster zu leben und somit für neue Erfahrungen und Erlebnisse wiederum dankbar sein zu können. Auch kurz vor dem Einschlafen wäre es vorteilhaft, den Tag konzentriert Revue passieren zu lassen und dafür dankbar zu sein.

Bitte verwechseln Sie Dankbarkeit auf keinen Fall mit Zufriedenheit.

Zufriedenheit heißt, dass wir mit unserem Leben - so wie es momentan ist - zufrieden sind. Dadurch versteht unser Unterbewusstsein, dass wir keinerlei Veränderung mehr in unserem Leben wünschen. Wir sind ja zufrieden.

Dankbar zu sein bedeutet wesentlich mehr, als nur zufrieden zu sein. Wir bekunden damit, dass wir für das Heute, Hier und Jetzt dankbar sind, aber durchaus empfänglich sind für weitere Segnungen des Lebens. Wir wissen, das, wofür wir dankbar sind, wird sich nach dem Gesetz von Ursache und Wirkung bzw. Säen und Ernten, stets vermehren.

Wofür wir dankbar sind, das wird sich vermehren.

Dankbar sein heißt, dass wir uns beim Schöpfer, der Quelle von allem was ist, bedanken.

Außer Dankbarkeit gibt es noch mehr Möglichkeiten, die wir berücksichtigen können, damit es uns leichter fällt, uns selbst mehr zu lieben.

Halten Sie doch bitte einmal Ihren Atem an. Ach so, Sie wüssten gerne, für wie lange? Das ist mir gleichgültig, denn irgendwann werden Sie garantiert aufhören, den Atem anzuhalten. Somit haben Sie Ihr Überleben vorerst gesichert. Hätten Sie weiterhin den Atem angehalten - also nicht **losgelassen** - dann wären Sie erstickt.

Was können wir aus diesem kleinen Beispiel lernen?

Wenn wir uns lieben, dann sollten wir loslassen.

Viele fragen: „Ja, was soll ich denn loslassen?"
Die ganzen Widerstände bzw. die Masse, die unsere Liebesenergie bremsen.

Das sind z. B. unsere

- Sorgen
- Ängste
- Probleme
- Befürchtungen
- Vermutungen

- Vorurteile
- Kritik
- Ego
- Vergangenheit

Die Vergangenheit loszulassen, kann eine ungeheuer befreiende Wirkung haben. Wir verspüren nicht mehr die Last unguter Gefühle oder Erinnerungen. Wir sind jetzt frei, in der Gegenwart zu leben, sofern wir keine Zukunftsängste haben.

Loslassen bedeutet nun aber nicht, dass wir vor unseren Problemen davonlaufen sollten. Es bedeutet lediglich, dass wir zugeben, nicht alles selbst lösen zu können.

Manche bedauernswerten Zeitgenossen lassen erst dann los, wenn sie am Ende sind und zu der Feststellung kommen: „Ich weiß nicht mehr weiter!" Indem sie erkennen, dass sie alleine nicht mehr weiter wissen, haben sie erfolgreich losgelassen. Ab jetzt kann es, Gott sei Dank, nur noch aufwärts gehen. Wie schwer es manchen Menschen fällt, loszulassen, sieht man z. B. an ihren überfüllten Kleiderschränken. Sehr vielen fällt es extrem schwer, alte Kleidungsstücke auszusortieren.

Loslassen heißt:
Ich vertraue meine Probleme bzw. mein Leben einer höheren Intelligenz an.

Es verbessert unser Wohlbefinden erheblich, wenn wir unsere Sorgen loslassen und uns einer höheren Intelligenz anvertrauen.

Loslassen heißt, dass wir uns nicht ständig mit unseren Problemen belasten und ihnen damit noch mehr Energie geben. Erinnern Sie sich noch an das Kapitel: „Heute - Hier - Jetzt“, in dem ich Ihnen aufgezeigt habe, dass wir mit unserer Aufmerksamkeit unsere Energie lenken?

Wenn wir loslassen und uns einer höheren Führung anvertrauen, so können wir uns jetzt ganz und gar darauf konzentrieren, im Heute, Hier und Jetzt zu leben. Wie wir bereits wissen, wäre dies optimal.

Wie oft hatten wir in unserem Leben schon große Sorgen? Heute, nach ein paar Jahren, können wir darüber lachen und sind vielleicht sogar dankbar, wie sich vieles für uns zwischenzeitlich zum Positiven gelöst hat. Vielleicht waren wir zu der Zeit unglücklich verliebt und heute sind wir mit unserem jetzigen Partner sehr glücklich.

Denken Sie bitte einmal nach! Vielleicht fällt Ihnen heute schon ein, wie sich Ihre momentanen Probleme positiv auf Ihre Zukunft auswirken könnten. Vielleicht werden Sie sogar in einigen Jahren darüber lachen.

Wer loslassen kann, spürt sofort eine gefühlsmäßige Erleichterung.

Loslassen heißt, Vertrauen in eine Höhere Intelligenz zu haben.

Wir akzeptieren, dass wir nicht alle Probleme selbst lösen können. Somit geben wir natürlich etwas von unserem Ego auf, was nicht allen leicht fallen dürfte.

Wir hören auf, unseren Atem anzuhalten und lassen los, weil wir erkennen, dass wir ersticken, wenn wir unserem

Ego noch länger vertrauen, weiterleben zu können, ohne zu atmen.

Loslassen heißt nicht, dass wir jetzt nichts mehr tun müssen, um unsere Probleme zu lösen. Loslassen heißt lediglich, dass wir offen sind für Lösungen, die auch von außerhalb unseres Egos kommen können.

Wenn ich etwas loslasse und darauf vertraue, dass sich die vollkommene Lösung finden wird, so trage ich damit ganz wesentlich zur Lösung bei.

Als ökonomisch veranlagter Mensch ist es mir egal, woher die Lösung kommt. Hauptsache sie kommt - möglichst schnell - und mit möglichst wenig Einsatz.

Betrachten wir einen Chef oder Mitarbeiter, der meint, so gut zu sein, dass er mit seinem Ego alle Probleme selbst lösen kann. Wenn ich zu einem Seminarteilnehmer sage: „Frau Chefin oder Herr Mitarbeiter, ich habe eine Aufgabe für Sie:

a) Wollen Sie diese Aufgabe selbst lösen?

b) Soll ich Ihnen helfen, wenn Sie nicht mehr weiterwissen?

c) Soll ich Ihnen die Lösung gleich mitteilen?“,

will der Betreffende die Aufgabe in der Regel zuerst selbst lösen.

Wenn er nicht mehr weiterweiß, so ist er gerne für Anregungen empfänglich, aber er will nicht gleich die ganze Lösung, sondern nur schrittweise, falls notwendig. Erst, wenn er wirklich nicht mehr weiterweiß, also losgelassen hat, ist er für die gesamte Lösung dankbar. Denn er hat aufgegeben (also losgelassen), es mit seinem Ego selbst lösen zu wollen. Je nach Aufgabenstellung benötigen diese Mitarbeiter eine gewisse Zeit, bis sie kapitulieren. Von Effizienz bzw. Wirtschaftlichkeit kann dabei keine Rede sein. Interessanterweise sind immer diejenigen zuerst fertig, die gleich die Lösung dazu haben wollen. Das sind ökonomische Mitarbeiter. Sie haben die Aufgabe mit dem geringsten Aufwand an Zeit und Energie gemeistert. Dabei haben sie die einfachste Methode gewählt. Die anderen zermarterten ihr Gehirn und fanden trotzdem alleine keine Lösung.

Nebenbei bemerkt – alles, was einfach ist, finde ich (meistens) gut.

Sollte eine Tätigkeit kompliziert sein, so behaupte ich, ist dies nur deshalb so, weil noch niemand auf die Idee gekommen ist, sie zu vereinfachen.

Die mit Abstand größte Masse, die wir im Leben mit uns herumschleppen, ist unser Ego.

Es reicht bereits aus, wenn ein Chef einen Mitarbeiter gedankenlos durch Worte, Tonfall oder Gestik verletzt. Vor allem Mitarbeiter mit wenig Selbstwertgefühl oder mit großem Ego reagieren darauf sehr heftig.

Nehmen wir an, Mitarbeiter Anton sagt zu seinem Kollegen Berti: „Du bist doch ein Blödmann. Das hättest du doch rechtzeitig checken müssen, dass das so nicht funktioniert." Das Ego von Berti wird aufgrund dieses Vorfalls in der Regel sehr verletzt sein. Er sinnt jetzt nach Rache, um es diesem obergescheiten „Armleuchter“ zu zeigen. Von „Liebe deinen Nächsten wie dich selbst“ kann ja dann wohl heute und in nächster Zeit so schnell keine Rede mehr sein. Selbst in seiner Freizeit hat er noch Rachegedanken. Sogar seine Frau fragt ihn abends, was mit ihm los sei, weil man ihm heute so gar nichts recht machen könne.

Unter vernünftigen Leuten regelt sich ja so eine Lappalie manchmal innerhalb von 24 Stunden. Es soll aber auch schon Fälle gegeben haben, wo es Jahrzehnte gedauert hat. So mancher Gegner ist zwischenzeitlich schon verstorben, aber der Lebende schleppt immer noch Zorn und Hass als unnötige Masse mit sich herum.

Wenn Sie zu mir sagen würden, ich sei ein Blödmann, dann würde ich Ihnen antworten: „Sie haben vollkommen Recht.“ Ich würde nachdenken oder Sie fragen: „Aufgrund welcher Sichtweise kommen Sie denn zu der Annahme, dass ich ein Blödmann bin?“ Ich weiß im voraus, dass Sie, von Ihrem Standpunkt aus gesehen, Recht haben. Vielleicht gelingt es mir, einen gemeinsamen Standpunkt oder eine Betrachtungsweise zu finden, um Ihre Meinung zu ändern. Wenn nicht, ist es mir auch egal.

Ich liebe Sie trotzdem wie mich selbst, auch wenn wir nicht die gleiche Ansicht haben.

Diesen Gedanken würde ich natürlich für mich behalten, um nicht noch unnötig Benzin ins Feuer zu gießen.

Haben Sie schon einmal gesehen, wie eine Wespe ständig mit dem Kopf gegen die Fensterscheibe prallt? Als Tierliebhaber öffneten Sie sicherlich das Fenster, um sie entkommen zu lassen. Sie wollte aber unbedingt durch die **Fensterscheibe** fliegen. Immer wieder prallte sie dagegen. Jetzt versuchten Sie, mit einer Zeitung nachzuhelfen. Nur mit Mühe gelang es Ihnen, diesem widerspenstigen Insekt zur Freiheit zu verhelfen.

Gibt es in unserem Leben nicht manchmal ähnliche Parallelen? Wann immer sich eine Tür für uns schließt, öffnet sich eine andere, durch die wir gehen könnten. Wir wollen aber ausgerechnet durch die Tür gehen, die gerade verschlossen ist. Wir pochen sturköpfig an diese Tür, um nicht zugeben zu müssen, dass wir uns evtl. geirrt haben (Ego).

In diesem Falle haben wir die phantastische Möglichkeit, loszulassen und der universellen Ordnung zu vertrauen. Ich betrachte es als ein Zeichen von Stärke - und nicht von Schwäche - kosmische Ordnung um Hilfe zu bitten. Warum sollten wir uns unnötig verausgaben, wenn es auch einfacher geht? Bevorzugen wir doch lieber den einfachen, ökonomischeren Weg, anstatt unbedingt sturköpfig auf unseren Egotrip zu beharren. Haben Sie eine Vorstellung, wie viel Energie man sich spart, wenn man sein Ego (Hauptmasse) loslässt?

Das nenne ich effizient, wirtschaftlich und ökonomisch.

Loslassen bedeutet, sich von etwas zu lösen.

Wenn ich mein Ego und meine ganzen Sorgen, Ängste und Befürchtungen und was weiß ich noch alles, loslasse, so heißt das, dass ich mich davon lösen will und für Hilfe von außen oder oben dankbar bin. Ich vertraue darauf, dass mir die Göttliche Weisheit Alternativen aufzeigt, auf die ich gar nicht gekommen wäre.

Loslassen heißt auch,
dass wir Dampf entweichen lassen und damit den Druck verringern, alles selbst lösen zu müssen.

Ein Ehepaar wollte unbedingt ein Kind haben. Nach 15 Jahren fand es sich mit der Tatsache ab (loslassen), kinderlos zu bleiben. Ein Jahr später bekam es einen gesunden Jungen.

Ein mir bekannter Tischtennisspieler wollte einmal mit aller Macht bei einem offiziellen Mannschaftswettkampf ein Einzelspiel gegen seinen Kontrahenten gewinnen. Er wusste, dass er laut Einstufung **ein paar Klassen** besser war als sein Gegner. Trotzdem verlor er den ersten Satz. Er musste aber gewinnen, denn eine Niederlage wäre aufgrund des Klassenunterschiedes eine große Blamage (sein Ego ließ grüßen) für ihn gewesen. Als er im zweiten Satz hoffnungslos im Rückstand war, dachte er sich nur noch: „Wenn es schon sein soll, dass ich heute verliere, dann werde ich zumindest in Würde (Ego ausgeschaltet) verlieren." Er hat sich mit einer Niederlage abgefunden und somit losgelassen. Er konnte es kaum fassen, als er doch noch gewonnen hatte. Seitdem weiß er, dass Loslassen einer der effektivsten Wege zum Erfolg ist.

Loslassen bedeutet aber auch, den Mut zu haben, etwas Neues in unserem Leben zu akzeptieren.

Selbst wenn es uns oft unwahrscheinlich erscheint, im Loslassen liegt eine enorme Energiesteigerung, weil wir eben weniger Masse haben.

Wenn wir unsere Vergangenheit loslassen und genügend Vertrauen in die Zukunft haben, können wir optimal im gegenwärtigen Augenblick, oder anders ausgedrückt, im Heute, Hier und Jetzt leben.

Wer dankbar ist und loslassen kann, hat aufgehört, mit der Welt unnötigerweise zu kämpfen.

Jetzt sind wir in Harmonie und Einklang mit uns selbst. Dadurch fällt es uns wesentlich leichter, uns selbst und die anderen zu lieben.

Liebe und Harmonie drückt sich unwillkürlich in Freude aus. Und wer Freude verspürt, der lächelt gerne. Lächeln ist wahrscheinlich die beste Methode auf der Welt, um anderen Freundschaft, Liebe und Frieden zu vermitteln.

Lächeln heißt:
„Ich akzeptiere dich so wie du bist und bin dir freundlich zugetan."

Mit unserem Lächeln geben wir zu erkennen, dass wir eine tolerante Einstellung haben, selbst wenn der andere eine andere Kultur, eine andere Meinung oder eine andere Ansicht hat als wir. Unser Lächeln ist für andere die Botschaft, dass wir liebevoll und freundlich gesinnt - und keine Gegner - sind. Lächeln ist ein freudiger Ausdruck unseres Herzens.

Selbst wenn Sie keine Fremdsprache beherrschen, werden Sie mit Lächeln und Gesten in jedem Land kommunizieren können. Lächeln verhält sich wie ein Echo: Was wir aussenden, bekommen wir zurück. Normalerweise wünschen wir uns alle, dass man uns mag. Wenn wir gut gelaunt sind und mit unserem Lächeln eine Prise Fröhlichkeit ausstrahlen, wird es anderen sehr schwer fallen, uns nicht zu mögen.

Ist es Ihnen auch schon aufgefallen, dass es fast unmöglich ist, nicht zurückzulächeln, wenn uns jemand anlächelt?

Wie Sie richtig bemerkt haben, ist Lächeln eine äußerst ökonomische und effiziente Form der Kommunikation mit Chefs, Mitarbeitern, Kunden und Lieferanten, also eine äußerst wirtschaftliche Methode. Während meiner Ausbildung zum Industriekaufmann wurde dies mit keinem Wort erwähnt. Übrigens: Ich lache darüber, während ich dies schreibe. Dabei produziert mein Körper Glückshormone, die so genannten Endorphine, was wiederum meiner Gesundheit zugute kommt.

Da ich auch etwas für Ihre Gesundheit tun wollte, habe ich mich bemüht, Sie an einigen Stellen dieses Buches zum Lachen zu bringen. Sollte mir dies nicht gelungen sein, so sollten Sie mit dieser neuen Information dieses Buch noch einmal lesen.

Jeder Augenblick ist äußerst kostbar und verdient daher größte Aufmerksamkeit. Warten Sie nicht, bis Ihnen das Leben Freude bringt, sondern bringen Sie durch Lachen selbst Freude in Ihr Leben. Wir haben ja manchmal wenig Zeit zur Verfügung. Für ein Lächeln benötigen wir jedoch nur ein paar Sekunden. Soviel Zeit sollten wir schon noch übrig haben.

Eine Traummitarbeiterin wurde von einer gestressten Kundin, die es sehr eilig hatte, gefragt, was es denn koste, wenn sie die Ware noch schnell in Geschenkpapier einwickeln lassen würde. Unsere Traummitarbeiterin antwortete:

„Ein Lächeln".

Diese Traummitarbeiterin bekommt von mir dafür ein großes Lob. Womit wir bei der nächsten, äußerst ökonomischen Methode wären, die da lautet:

„Mehr loben und weniger kritisieren".

Ein Lob vom Chef wäre für viele Mitarbeiter oftmals wichtiger als eine Gehaltserhöhung. Woher ich das weiß? Viele Seminarteilnehmer lechzen geradezu nach Lob von ihrem Chef.

Fehlendes Feedback und ausbleibendes Lob sind die beiden Haupt-Motivationskiller von Arbeitnehmern.

Geben wir es doch zu: Wir alle freuen uns, wenn wir gelobt werden.

Wann und von wem wurden Sie zuletzt gelobt?

Na, Glück gehabt? Oder ist es schon eine Weile her?

Falls auch Sie der Meinung sind, dass Sie zu wenig gelobt, aber zu viel kritisiert werden, so gibt es dafür eine ganz schlichte und einfache Erklärung.

Sie wissen doch: Ihre Ernte besteht aus dem, was Sie vorher gesät haben. Könnte es sein, dass Sie zu wenig loben, dafür aber zu viel kritisieren?

Was glauben Sie? Welche Menschen werden am meisten kritisiert und am wenigsten gelobt?

Interessanterweise sind es sehr häufig gerade die Menschen, die wir besonders lieben: unser Partner, unsere Kinder und unsere Eltern. Ist das nicht schizophren? Ausgerechnet die Menschen, die wir am meisten lieben, kritisieren wir am häufigsten und loben sie am wenigsten. Denken Sie einmal darüber nach: Wann haben Sie Ihren Partner, Ihre Kinder oder Ihre Eltern zuletzt gelobt oder kritisiert?

Ich habe vor vielen Jahren Seminare über „positives Denken“ für Kinder abgehalten. Viele dieser Kinder bestätigten mir, dass sie viel mehr kritisiert als gelobt würden. Ich empfahl ihnen, viel Lob bei ihren Eltern zu säen, damit sie alsbald Lob ernten würden. Gerne erinnere ich mich an einige Eltern, die mich vor lauter Begeisterung anriefen und mich lobten, weil ihre Kinder schlagartig im positiven Sinne verändert wären. Dabei haben diese Kinder nichts anderes getan, als ihre Eltern gelobt. Da Eltern ja für ihre Kinder fast alles tun, sind sie besonders empfänglich für Lob. Deswegen wissen Kinder genau, wie sie im Streitfall ihre Eltern besonders treffen können. Es genügt, dass sie sagen: „Mama,“ oder „Papa, ich hab dich nicht mehr lieb.“ So mancher Elternteil ist leider bei so einer Äußerung im Affekt ausgerastet und hat großes Unheil angerichtet. Denn „Ich hab dich nicht mehr lieb“ ist ja so ziemlich die schlimmste Form von Kritik, also genau das Gegenteil von Lob.

Kritik empfinden viele Menschen als eine Art Liebesentzug. Die Ursache ist meist darin zu finden, dass wir Angst haben, der andere lehnt uns ab, er mag uns nicht mehr, er versteht uns nicht mehr, er liebt uns nicht mehr, er ist uns nicht mehr freundlich, sondern feindlich gesinnt. Unser Ego ist aufs Tiefste verletzt, weil wir meinen, wir stünden als Verlierer da.

Es soll ja Männer geben, die jahrzehntelang von ihrer Frau kritisiert worden sind. Kaum werden sie von einer anderen Frau gelobt, schon landen sie in deren Armen.

Das Leben wird uns immer Recht geben. Sie können noch so positiv denken, solange Sie etwas kritisieren, werden Sie genau das anziehen, **was** Sie kritisieren. Überlegen Sie doch nur, was oder wen Sie häufig kritisieren. Immer wieder ziehen Sie diese Situationen an. Wenn Sie aber andere loben, so werden Sie immer häufiger einen Grund anziehen, um noch mehr Lob aussprechen zu können.

Ein paar Beispiele für die Praxis:

- Es hat Spaß gemacht, mit Ihnen zusammenzuarbeiten!
- Ich hatte selten so einen angenehmen Gesprächspartner wie Sie!
- Man merkt, dass Sie eine Fachfrau sind!
- Phantastisch, wie Sie das wieder hinbekommen haben!

„Sie können kritisieren, soviel Sie wollen, aber nur unter der Bedingung, dass Sie einen Verbesserungsvorschlag parat haben.“

Oftmals trauen sich Mitarbeiter keine Vorschläge mehr zu machen, weil sie bei ihren ersten zaghaften Versuchen sofort kritisiert werden, wie z. B. „Das geht nicht." Vielfach werden Vorschläge ohne Begründung abgeschmettert, geschweige denn das Engagement gewürdigt. Viele Mitarbeiter haben reichlich Vorschläge parat, wie man etwas besser, einfacher, schneller, kostengünstiger oder effektiver machen könnte, wenn sie nur öfters gelobt würden.

Besonders Chefs erzählen mir gerne in Seminaren:
„Das ist ja alles schön und gut, aber wenn ein Mitarbeiter Fehler macht, dann kann ich ihn doch nicht loben. Ich bin quasi gezwungen, ihn zu kritisieren, sonst macht er beim nächsten Mal den gleichen Fehler erneut."

Ich frage dann gerne: „Wie fassen denn die Mitarbeiter Ihre Kritik gewöhnlich auf?" „Die meisten Mitarbeiter sind danach sauer", höre ich dann des Öfteren. Daraus entnehme ich, dass diese Chefs ihre Mitarbeiter zu wenig loben.

Wenn nämlich Chefs ihre Mitarbeiter mehr loben statt kritisieren würden, dann dürften diese Mitarbeiter eine nicht zu vermeidende Kritik ziemlich sicher als einen gut gemeinten Ratschlag von einem netten Menschen auffassen und wären infolgedessen nicht so schnell beleidigt.

Ist das nicht ökonomisch?
Sie brauchen jemanden nur öfter zu loben,
als ihn zu kritisieren.

Und ca. 90 Prozent aller durch Kritik entstehenden Kommunikations- und Egoprobleme sowie daraus häufig entstehende Zwistigkeiten sind aus heiterem Himmel wie weggeblasen.

Sicher haben Sie längst bemerkt, dass man diese Methode bei allen Menschen, z. B. bei Partnern, Kindern, Eltern, Chefs, Kollegen, Kunden, Lieferanten usw. anwenden kann.

Sie haben noch Zweifel, ob diese Methode funktioniert? Probieren Sie es einfach aus und sammeln Sie Ihre eigenen Erfahrungen.

Wissen Sie schon, wen Sie als Nächsten loben werden?

Loben statt kritisieren macht vieles Unmögliche möglich.

Wir sind nun fast am Ende des Buches angelangt. Einerseits würde es mich reizen, noch mehr zu schreiben. Andererseits weiß ich, je dicker ein Buch ist, desto weniger wird es in die Praxis umgesetzt.

Ich bin dankbar, dass Sie dieses Buch bis hierher gelesen haben. Wenn es Ihnen gefallen hat, so erzählen Sie es bitte weiter, denn die Servicewüste Deutschland braucht noch viele Traumchefs und Traummitarbeiter.

Im Vorwort habe ich Ihnen versprochen, dass es geradezu einfach ist, Traumchef oder Traummitarbeiter zu sein.

Kritiker werden - aus ihrer Sicht gesehen – behaupten: „So einfach kann es doch nun wirklich nicht sein, was der da zusammenschreibt."

Mir ist bewusst, dass die Probleme und Herausforderungen eines Unternehmens in der Praxis komplexer sind, als hier im Buch erwähnt.

Dessen ungeachtet behaupte ich: Wann immer es Probleme in einem Unternehmen gibt, wird garantiert gegen eine oder mehrere der in diesem Buch aufgeführten Regeln verstoßen. Deshalb bin ich felsenfest davon überzeugt, dass die meisten Herausforderungen mit diesen einfachen Regeln zu bewältigen sind.

Sobald Sie die einfachen, aber äußerst wirkungsvollen Empfehlungen (Samenkörner) in diesem Buch in die Praxis umsetzen, werden Sie eine reichliche Ernte in Form von weniger Stress, weniger Ärger, weniger Energieaufwand, aber dafür mehr beruflichem und geschäftlichem Erfolg einfahren.

Damit Sie in der Lage sind, sich die wesentlichsten Samenkörner schnell in Erinnerung zu rufen, habe ich eine Zusammenfassung für Sie erstellt.

Meine persönlichen Notizen zu Kapitel 9

Zusammenfassung

Mit dem Lesen dieses Buches allein haben Sie noch keinen neuen Samen gesät.

**Nur wenn Sie das Gelesene
in die Praxis umsetzen,
werden Sie entsprechend säen.**

Bitte säen Sie nur das, was Sie für sich selbst als wahr annehmen können.

Ursprünglich wollte ich Ihnen empfehlen, jeweils nur ein Kapitel dieses Buches zu lesen und es danach in die Praxis umzusetzen. Aus eigener Erfahrung weiß ich jedoch, dass die Neugierde mit mir durchgeht. Deshalb lese ich das Buch zunächst zu Ende und entscheide dann, ob ich es in Ordnung finde, das Gelesene in die Praxis umzusetzen. Wenn meine Entscheidung positiv ausfällt, dann arbeite ich es von vorne durch.

**Ich empfehle Ihnen,
machen Sie es bei diesem Buch
genau umgekehrt!**

Fangen Sie mit der praktischen Umsetzung nicht von vorne, sondern von hinten an. Sie werden sehr schnell feststellen, dass Sie dadurch früher Erfolgserlebnisse haben.

Deshalb habe ich die Zusammenfassung nicht von vorne, sondern extra von hinten aufgerollt.

Achtung: Hier finden Sie nicht nur konzentrierte Wiederholungen, sondern zusätzliche Highlights, damit die Spannung erhalten bleibt.

9 ...wie dich selbst

- **Kritik** Hören Sie sofort auf, zu kritisieren!

- **Lob** Loben Sie doppelt so viel, wie Sie kritisieren!
  Hinter jedem Lob steht ein Gefühl der Liebe.
  Sie werden mehr Lob ernten!

- **Lächeln** Lächeln Sie häufiger!
  Denn Lächeln ist die Quelle der Heiterkeit in unserer Seele.
  Lächeln lässt uns sofort sympathischer und liebevoller wirken!
  So wie die Natur die Sonne braucht, so braucht eine Traumfirma freundliche und lächelnde Mitarbeiter!

- **Loslassen** Lassen Sie Ihr Ego los!
  Lassen Sie Ihre Ängste u. Sorgen los!
  Vertrauen Sie der kosmischen Ordnung, die im gesamten Universum wirkt!

Zusammenfassung

- **Dankbarkeit** Sie sind einzigartig!
  Seien Sie dankbar dafür!
  Tiefe Dankbarkeit erzeugt gute Gefühle!
  Dankbarkeit ist der Zündfunke für die Liebe!
  Danken Sie dem Schöpfer, der Quelle von allem!
  Danken Sie für vermeintlich negative Ereignisse, denn sie dienen Ihrem Reifungsprozess!
  Die Krönung der Dankbarkeit: Danken Sie für das, was erst in Ihr Leben eintreten wird - im vollen Gottvertrauen darauf, dass es nur Gutes sein kann!

- **Ich liebe mich selbst** Akzeptieren Sie sich so, wie Sie sind!
  Öffnen Sie sich für die Liebe;
  sie setzt schöpferische Energie frei.
  Lieben Sie sich selbst und andere bedingungslos!
  Achten Sie auf Ihre Gesundheit!
  Ihr Körper ist der Tempel Ihrer Seele!
  Tun Sie sich Gutes!
  Gönnen Sie sich das Beste!
  Nur wer liebt, der lebt auch wirklich!

8 Liebe deinen Nächsten...

Liebe deinen Nächsten wie dich selbst, denn wir sind ALLE EINS.

Behandeln Sie andere so, wie Sie selbst behandelt werden möchten!

Lieben Sie auch die Menschen, die nicht so sind wie Sie oder die Sie nicht besonders mögen.

Gehen Sie aufeinander zu, statt sich abzuwenden. Seien Sie freundlich und respektieren Sie Ihre Mitmenschen.

Wenn Sie „Liebe deinen Nächsten wie dich selbst“ verinnerlicht haben und praktizieren, haben Sie damit ein neues Update auf Ihre Festplatte „Unterbewusstsein“ geladen. Diese Version ist praktisch nicht mehr zu überbieten.

7 Miteinander - Zusammen

Ganz egal, ob Sie sich dessen bewusst sind oder nicht, Sie sind eins mit allem, was ist.

Jeder Gedanke, jedes Gefühl und jede Tat ist mit dem gesamten Universum verbunden!

Zusammenfassung

Arbeiten Sie miteinander statt gegen- oder nebeneinander.

Finden Sie einen gemeinsamen Standpunkt - das erleichtert die Kommunikation und die Zusammenarbeit enorm.

6 Heute - Hier - Jetzt

Lassen Sie die Vergangenheit und die Zukunft los und konzentrieren Sie sich auf den heutigen Tag, denn er ist der wichtigste in Ihrem Leben.

Um den Wert eines Tages zu erkennen, brauchen Sie nur jemanden zu fragen, der weiß, dass er nur noch einen Tag zu leben hat.

Die wichtigste Stunde in Ihrem Leben ist immer die gegenwärtige!

Die wichtigste Minute in Ihrem Leben läuft gerade. Niemals wird diese Minute noch einmal wiederkehren.

Um den Wert einer Sekunde zu erfahren, brauchen Sie nur jemanden zu fragen, der glücklicherweise gerade einen Unfall überlebt hat.

Zusammenfassung

Um den Wert von ein paar Tausendstelsekunden zu ermessen, fragen Sie mal einen Sportler, der soeben knapp eine Medaille verpasst hat.

Der gegenwärtige Augenblick ist immer der beste!

Der wichtigste Mensch ist immer der, der Ihnen gerade gegenüber steht!

5 Motivation

Was motiviert Sie? Wofür können Sie sich wirklich begeistern?

Wahre Motivation kann nur aus Ihrem Inneren kommen!

Wenn Sie sich nicht selbst **motivieren**, so werden Sie von anderen **manipuliert**!

Die geistige Einstellung: „Alles, was ich tue, tue ich mit Liebe, Freude und in Dankbarkeit" ist eine gute Motivationsmethode.

Motivation schafft Innovation!

4 Jeder sieht es aus seiner Sicht

Wenn Sie aufhören, Menschen zu verurteilen, können Sie anfangen, sie zu verstehen!

Erst wenn Sie bereit sind, auch einmal den Standpunkt des anderen einzunehmen, werden Sie seine Sichtweise und die Motive für sein Handeln besser begreifen.

3 Repräsentant und Verkäufer

Selbst, wenn Sie nicht direkt mit Kunden zu tun haben, sind Sie dennoch Repräsentant und Verkäufer .

Sie sind eine lebende Visitenkarte!

2 Woher kommt mein Geld?

Der Kunde ist Ihr heimlicher Arbeitgeber!

Er sollte deshalb Ziel und Mittelpunkt Ihrer Aktivitäten sein.

Behandeln Sie Ihren Kunden so, wie Sie von ihm behandelt werden möchten.

1 Traummitarbeiter

Der Tag, an dem Sie aufhören, Entschuldigungen zu suchen, warum Sie mit Ihrer Arbeit oder mit Ihrem Arbeitgeber nicht zufrieden sind, ist der Tag, an dem Sie beginnen, Verantwortung für sich selbst zu übernehmen.

Sie müssen nicht andere übertreffen, sondern nur sich selbst.

Was Sie säen, das werden Sie ernten.

Auf- und Anregungen für Chefs

- Eine Traumfirma berücksichtigt, dass sie es nicht nur mit Waren und Dienstleistungen zu tun hat, sondern mit lebendigen Menschen. Diese haben viele Wünsche und Bedürfnisse. Eine Traumfirma stellt nicht nur die Eigeninteressen in den Vordergrund, da Gewinnstreben um jeden Preis zwangsläufig zu Problemen mit Mitarbeitern und Kunden führt.

- Ständige Konflikte mit Mitarbeitern und Kunden kann sich auf Dauer kein Unternehmen leisten. Im ungünstigsten Falle treten Mechanismen auf, die stärker sind als rein marktwirtschaftliche Gesetze. Wenn z. B. die Gehälter der Führungsriege ständig steigen, Lohnerhöhungen für Arbeitnehmer jedoch permanent abgelehnt werden, so braucht man sich nicht zu wundern, wenn sich die Begeisterung der Mitarbeiter in Grenzen hält.

- Natürlich darf und muss auch eine Traumfirma auf Gewinn ausgerichtet sein. Eine Traumfirma wird jedoch auch die ethische und humane Seite berücksichtigen. Der wichtigste Faktor ist demzufolge, dass der Mensch im Mittelpunkt des unternehmerischen Denkens und Handelns stehen muss.

- Ein gutes Betriebsklima ist unbezahlbar, denn es steigert die Motivation enorm.

- Für das Wohl und Wehe eines Unternehmens ist nicht nur das berufliche Know-how der Mitarbeiter entscheidend, sondern eine funktionierende Kommunikation und eine gute Zusammenarbeit untereinander.

- Eine Traumfirma hat einen Mix von jungen, mittleren und älteren Mitarbeitern, die sich gegenseitig ergänzen. Leider machen einige Firmen den Fehler, nur junge Leute einzustellen, um damit Lohnkosten zu sparen. Viele dieser jungen Mitarbeiter halten aber ständig Ausschau nach einem Arbeitgeber, der mehr bezahlt. Die Folgen sind oftmals eine hohe Fluktuation, was wiederum zu unnötigen Kosten führt, obwohl man gerade dies ja vermeiden wollte.

- Eine Traumfirma läuft nicht ständig irgendwelchen Trends hinterher, sondern setzt ihre eigenen Visionen um.

- Eine Traumfirma weiß, dass ihre Mitarbeiter (genauso wie Sportler) von Zeit zu Zeit Seminare (Trainingscamps) brauchen, um Höchstleistungen zu erreichen.

- Die effektivste und effizienteste Managementmethode, die es gibt, ist sicherlich: „Liebe deinen Nächsten wie dich selbst.“

Auf- und Anregungen für Chefs

Kennen Sie Traumfirmen oder Traummitarbeiter, dann teilen Sie es mir bitte mit!

www.Traumfirma.de

Danksagung

In liebevoller und demütiger Dankbarkeit bedanke ich mich an dieser Stelle bei meinem Schöpfer, beim Universum und bei allen Menschen, die direkt oder indirekt mit mir persönlich zu tun hatten.

Absolut alle haben zu meiner bisherigen Persönlichkeitsreife und somit auch zu diesem Buch beigetragen.

21. Oktober 2002
Georg Paulus

Autorenportrait

Georg Paulus, geb. 20.02.1953 in Oberbayern, verheiratet, zwei Kinder, gelernter Industriekaufmann, entdeckte bereits als Auszubildender sein ökonomisches Gespür, kommerzielle Arbeiten zu rationalisieren bzw. zu vereinfachen. Er behauptet, dass viele Tätigkeiten nur deshalb kompliziert sind, weil noch niemand auf die Idee gekommen ist, sie zu vereinfachen. Bis zum Ende seiner Arbeitnehmerlaufbahn war er in der Zweiradbranche als Organisator tätig. Mit 28 Jahren baute er binnen zwei Jahren auf selbstständiger Basis mit einem amerikanischen Konzern eine Vertriebsorganisation mit über 5000 freiberuflichen Mitarbeitern auf. Dabei lernte er 25 Länder kennen, in die er zu Meetings, Konferenzen, Seminaren und Tagungen eingeladen wurde. Zeitgleich begann er gezielt an seiner Persönlichkeitsentwicklung zu arbeiten. Ab 1988 hielt er Seminare über „positives Denken" ab. Ein ehemaliger Seminarteilnehmer erinnerte sich Jahre später als Unternehmer an Georg Paulus und entsandte einen Mitarbeiter auf das gleiche Seminar. Ergebnis: Der erste Traummitarbeiter für dieses Unternehmen war geboren! Als Folge bekam Georg Paulus den Auftrag, auch die restlichen Mitarbeiter zu schulen. Dazu konzipierte er eigens ein firmenspezifisches Seminar. Dabei schloss sich für Georg Paulus der Kreis. Es reifte in ihm die Erkenntnis, dass er in Firmenseminaren alle seine Fähigkeiten und Talente mit seinen bisherigen Seminarerfahrungen bündeln konnte. Damit war der Grundstein für Management- und Mitarbeitertrainings gelegt. Um die tägliche Arbeitspraxis nicht aus den Augen zu verlieren, steht er neben seiner Tätigkeit als Seminarleiter mittelständischen Firmen als Manager auf Zeit zur Verfügung.

Traumprojekt

Für mein nächstes Buch suche ich eine Firma, die willens und fest entschlossen ist, binnen eines Jahres zur Kategorie „Traumfirma“ aufzusteigen.

Ideal geeignet wäre ein Hotel oder eine mittelständische Firma.

Ich beabsichtige, persönlich an dem Projekt mitzuarbeiten und werde über die dabei gemachten Erfahrungen ein Buch schreiben und verlegen.

Kontaktaufnahme bitte unter der E-Mail-Adresse:

Input@Traumfirma.de

Traumseminare

Vortrags- und Seminarangebote

- Traumfirma
- Umsatz- u. Gewinnoptimierung
- Effektives und effizientes Arbeiten
- Freude und Spaß bei der Arbeit
- Selbstverwirklichung im Beruf
- Positives Denken in der Praxis
- Vom Chef zum Traumchef
- Vom Mitarbeiter zum Traummitarbeiter
- Erfolgsfaktor „Teamwork“
- Miteinander statt Nebeneinander
- Erfolgsfaktor „Liebe“
- Servicewüste kontra Serviceparadies
- INNOVATIONS-Seminar

PAULUS Seminare
Tel. (0 80 24) 34 43 * Fax (0 80 24) 47 98 63
Input@Traumfirma.de